가장 고단하고
가장 빛나는 시간

목사 아빠의 30일 육아 묵상

신동재 지음

목사 아빠의
30일 육아 묵상

가장 고단하고 가장 빛나는 시간

신동재 지음

죠이북스

추천사

신동재 목사는 자신을 포장하지 않는 정직한 저자다. 그는 '드라마에 나올 법한 근사한 아빠'가 아니라고 고백하며, 육아의 현장에서 분노와 조급함, 서투름을 숨기지 않는다. 해서, 이 책은 성공한 아버지의 비결이 아니라, 한계를 마주한 한 아버지의 진술한 고백이다. 그에게 육아는 가장 낮고 거친 동시에 가장 따뜻하고 찬란한 시간이다. 그 역설 속에서 삶과 신앙의 길이 겹쳐진다.

저자의 독특함은 육아를 하나의 '신학적 텍스트'로 읽어내는 시선에서 빛난다. 그는 목회자이자 부모로서, 아이의 열성경련, 자매의 다툼, 아버지로서의 실패까지 모든 순간을 성경 이야기와 연결해 사유한다. 다윗의 절규, 탕자의 비유, 다니엘의 믿음은 그의 현실 안에서 다시 살아나고, 독자는 육아를 넘어 일상의 시간을 하나님의 이야기로 해석하는 방법을 배운다.

그럼에도 이 책은 이론이나 교훈을 전하려 하지 않는다. 저자는 가르치는 사람이 아니라, 엠마오로 향하던 두 제자 곁을 걷던 예수님처럼, 함께 '한길' 가는 자로 선다. 독자에게 필요한 것은 정답이 아니라 공감이며, 그는 자신의 상처와 실수를 고백함으로써 부모의 자리를 새롭게 묻는다. 매 장의 끝에서 전하는 '토닥토닥 하루 기도'는 말보다 더 느린 언어로 하루를 감싸안는다.

결국 저자가 강조하는 것은 하나의 진실이다. 부모는 완벽할 수 없지만, 자녀에게는 오직 한 사람, '유일한 부모'로 존재해야 한다는 사실이다. 이 책은 그 존재의 자리에서 다시 시작할 수 있도록, 독자를 조용히 부르며 격려한다. 고단한 육아의 날들 가운데 신앙과 인간 됨의 중심을 붙들고자 하는 이들에게, 이 책은 묵직하고 묵묵한 동행자가 되어줄 것이라 확신한다.

김기현 한국침례신학대학교 기독교철학 및 윤리학 교수,
「곤고한 날에는 생각하라」의 저자

아이를 키우는 일은 몸으로 버티는 일이 아니라 마음으로 견디는 일이다. 이 책은 그 마음의 찢김과 빛남을 숨기지 않는다. 매뉴얼이 아니라 식탁에 앉아 하루를 내려놓듯 써 내려간 한 아버지의 고백처럼 다가온다. 강단의 언어가 거실로 내려올 때 믿음이 어떤 얼굴을 하는지 차분하게 보여준다. 그래서 읽는 내내 설교가 아니라 기도를 듣는 듯한 느낌이 든다.

페이지마다 생활의 말들이 먼저 손을 내민다. 성장과 미소와 공감 같은 평범한 단어들이 낯설지 않다. 아이를 고치려 들기 전에 내가 먼저 변해야 한다는 자각이 조용히 스며든다. 율법으로 교정하기보다 복음으로 감싸려는 태도가 반복해서 마음을 움직인다. 오늘은 서툴렀어도 내일은 더 따뜻해지겠다는 결심이 문장 사이사이에 배어있다.

구성도 알맞다. 일상의 기쁨과 시행착오가 솔직히 드러나고, 자녀를 향한 축복의 언어가 정리되어 있으며, 가정이 붙들 신앙의 방향이 또렷하다. 매 장의 끝에 있는 짧은 기도가 특히 좋다. 분주한 하루 끝에 조용히 읊조리기만 해도 숨을 고르고 마음이 낮아진다. 부모가 먼저 기도할 때 집안의 공기가 달라진다는 평범하지만 확실한 진리를 다시 확인하게 된다.

부모 됨이 버거운 이들에게 권한다. 사역과 가정 사이에서 마음이 자주 나뉘는 이들에게도 권한다. 이 책을 덮고 나면 알게 된다. 우리 집 거실 한복판에서 하나님 나라가 소리 없이 자라고 있음을. 그래서 가장 고단한 시간이 결국 가장 빛나는 시간이 된다.

김관성 울산 낮은담교회 담임목사

본래 육아의 현장은 고달프고 힘겨워 짜증과 불만의 아우성이 가득한 곳이다. 그런데 평범한 아빠이면서 목사라는 특별한 시각과 정서를 지닌 저자만큼은 다르다. 저자는 육아의 시간을 그저 흘려보내지 않고 잠잠히 묵상하며 진솔하고 따뜻한 심정으로 글을 써 내려간다. 그리고 읽는 이로 하여금 감탄하도록 만든다. 육아가 이토록 은혜롭고 경이롭다는 사실을, 육아에 이토록 아름답고 빛나는 보화가 숨어있다는 사실을 일깨워 주기 때문이다.

많은 부모가 육아의 시절을 지나가기만 바라며 겨우 버틴다. 그래서 그 순간에 부어주시는 은혜를 놓치고 만다. 부모로서 신앙과 사명까지 잠식되어 간다. 그래서 이 책을 주저 없이 기쁨으로 추천한다. 육아에 성실히 참여하며 끊임없이 성찰하는 저자의 묵상을 따라가다 보면, 반드시 주님이 저마다 주신 고유한 은혜와 보화를 발견하게 될 것이다. 그리고 책을 덮을 때, 저자처럼 '지금이 가장 빛나고 행복한 순간입니다'라고 읊조리며 고백하게 될 것이다.

김미열   원주중부교회 담임목사

  누군가 나에게도 '인생에서 가장 힘든 때가 언제냐'고 묻는다면, 나 역시 주저 없이 '지금이요!'라고 답할 것 같다. 9살, 6살 딸 둘과 7개월 된 아들을 키우는 바로 이 순간 말이다. 하루에도 '참을 인(忍)' 자를 열두 번씩 새기며 버티고 있는, 미국 시골의 독박 육아 한복판에서, 신동재 목사의 글은 '어머, 이분도 나와 똑같네!'라는 깊은 공감과 함께 따뜻한 위로를 안겨주었다.

  '평범한 목사이자 아빠'라고 소개하는 저자는 육아를 통해 은혜와 지혜, 축복과 기쁨을 배웠다고 말한다. 처음엔 '아, 목사님이시니까 그렇게 말씀하시는 거겠지' 싶었는데, 책장을 넘길수록 그 말이 진심이라는 게 느껴졌다. 솔직한 고백과 함께 전하는 '그래도 아이들이 있어 가장 빛났다'는 문장을 읽을 때면, 새벽 3시 수유하느라 반쯤 잠든 몸으로 집 안을 오가던 내 모습이 떠오르면서도 '그래, 맞아. 힘들지만 참 빛나는 시간이지' 하고 고개를 끄덕이게 된다.

  특히 이 책의 진짜 매력은 매 장 끝에 실린 '토닥토닥 하루 기도'다. 기도문에 우리 아이들 이름을 직접 넣어 '예하, 루하, 서하가 하나님의 형상대로 살게 하소서' 이렇게 따라 기도하니, 아침부터 '엄마 배고파!', '엄마 화장실!', '엄마 저것 봐!'를 연발하며 나를 부르던 아이들이 새롭게 보였다. 아, 이 아이들이 하나님이 맡겨주신 선물이었구나, 하고.

  육아로 지쳐 '도대체 언제까지?'를 외치고 계신 분들께, 그리고 일상의 육아 속에서 신앙의 의미를 찾고 싶은 분들께 이 책을 권한다. 읽다 보면 웃다가, 울다가, 고개 끄덕이다가, 기도하게 될 것이다. 그리고 문득 깨닫게 될 것이다. 지금 이 고단한 순간들이, 훗날 돌아보면 가장 빛났던 시간이었다는 것을.

김수나   인스타그램 인플루언서 '병아리사모'

세상에서 가장 고단한 일 중에 하나를 꼽으라고 하면, 나는 주저 없이 '육아'라고 말할 것이다. 아내가 처가에서 가져온 복분자를 열심히 먹더니, 어느 날 셋째가 생긴 것 같다고 말했다. 나는 먼저 수면부족을 떠올렸다. 다 끝났다고 생각한 그 고단한 과정을 다시 반복해야 한다고 생각하니 마치 입영 영장을 다시 받는 기분이었다. 아내가 겪어야 했던 고생스러움에는 차마 비할 수 없겠지만 육아는 그저 견디고, 버티고, 해내야만 하는 고통스러운 과정이었다.

그런데 육아 묵상이라니? 대단하다! 그저 버티기만 해도 '장하다' 할 고단한 육아일 텐데, 신동재 목사는 그 속에서 깊은 묵상을 통해 길어올린 지혜와 위로의 말을 우리에게 들려준다.

오랫동안 청년 사역을 하면서, 지금도 육아의 긴 터널을 통과 중인 어린 부모들을 보면서 알게 된 한 가지가 있다. 육아는 항상 어린 부모들을 극한의 한계 그 이상으로 몰아부친다. 매일이 자신의 한계와의 싸움이다. 심신이 지치고 멘탈이 탈탈 털려나가는 그들에게 가장 위로가 되는 시간은 다름아닌 함께 육아의 시간을 지나고 있는 부모들과 함께하는 시간이라는 것이다.

그는 육아라는 '가장 고단하고, 가장 빛나는 시간'을 살고 있는 '현직' 아빠이다. 그런 아빠가 들려주는 따뜻하고도 통찰이 넘치는 이 글이 육아라는 어려운 시간을 살고 있는 엄마와 아빠들에게 깊은 위로가 되어줄 것이라 믿어 마지 않는다. 특히, 어린 아기를 둔 아빠들에게 일독을 권한다. 지혜로운 엄마들은 이 책을 남편에게 선물할 가치가 있다.

김유복 대구기쁨의교회 담임목사,
「그래서 나는, 행복하게 살기로 했다」의 저자

「가장 고단하고 가장 빛나는 시간」은 세 아이를 양육하는 저자가 가정신앙교육 현장에서 고군분투하며 써 내려간 육아 묵상집이다.

저자는 얼핏 보면 완벽한 '슈퍼대디' 같지만, 매일의 변화무쌍한 육아 현장에서 하나님 아버지의 마음으로 양육하려 애쓰는, 우리와 같은 지극히 평범한 부모다. 하지만 그는 신앙의 결정적 시기를 놓치지 않는 확고한 교육관을 가지고 있다. 게다가 아이의 발달 단계를 깊이 이해하여 '스캐폴딩'(Scaffolding, 교육 발판)을 적절히 활용할 줄 알며, 다정하게 그림책을 읽어주는 멋진 아빠이기도 하다.

저자는 고단한 광야 같은 육아 현장에서 겪은 경험을 30일의 묵상으로 차근차근 풀어냈다. 설교하는 아빠여서일까, 일상의 에피소드가 '성경 속 아빠와 아이' 이야기로 이어지고, 다시 일상 가운데 자신을 성찰하는 흐름이 참 좋다.

무엇보다 '토닥토닥 하루 기도'는 지친 부모들에게 큰 위로와 격려가 될 것이다. 고단한 육아지만 가장 빛나게 될 어린 자녀를 양육하는 모든 믿음의 부모가, 이 책을 통해 따뜻하게 '토닥토닥' 위로받기를 바라며 기쁘게 추천한다.

이재영   기독교교육학 박사, 영유아교회교육연구소 소장

나는 10살, 8살 두 딸의 아빠다. 요즘 내 인생 목표는 단순하다.
'좋은 아빠로 기억되는 것.'
아빠의 모습을 통해 하나님 아버지를 조금이라도 닮은 사랑을 보여줄 수 있다면, 그보다 더 멋진 일이 또 있을까 싶다. 물론 말처럼 쉽진 않다. '더 좋은 아빠여야 하는데…' 하며 스스로를 망치질(?)할 때가 참 많다.

그럴 때 만난 이 책이 내게 참 고맙게 다가왔다. 신동재 목사가 직접 겪으며 써 내려간 육아의 이야기들 속에서 따뜻하게 등을 두드려 주는 듯한 위로를 받았다.

'괜찮아요. 우리 다 어설퍼요.'
'그래도 잘하고 있어요.'

매 장마다 담긴 문장 하나, 단어 하나에서도 느껴졌다. 저자가 독자에게 육아에 대한 오해나 부담을 조금이라도 주지 않으려 얼마나 세심하게 써 내려갔는지 말이다. 정말 '젠틀한 안내자' 같은 글이다.

요즘은 육아가 참 겁나는 시대다. '어떻게 낳을까', '어떻게 키울까', '내가 잘할 수 있을까…' 하는 질문들이 부모의 마음을 무겁게 만든다. 그래서 이 책을 꼭 권하고 싶다. 육아를 이제 막 시작하려는 분들, 육아에 지쳐 있는 분들, 그리고 육아를 조금은 오해하고 있는 분들에게.

아이를 키우는 건 부모 혼자가 아니다. 하나님과 함께 키우는 것이다. 그 사실을 이 책을 통해 꼭 경험하시길 소망한다.

이정규   개그맨, 딜리버리프로젝트 찬양팀 대표

부모가 되는 것은 쉬워도 부모 노릇 하는 것은 정말 힘든 일이다. 자녀를 키우는 것은 목사나 평신도나 아무런 차이가 없다. 특별히 성경 말씀대로 자녀를 양육하는 것은 더더욱 교회 직분과 상관 없음에 다들 공감할 것이다.

비록 크리스천으로 살고는 있지만 자녀 양육에 있어서 넌크리스천(Non-Christian)과 동일한 어려움과 고충 가운데 있는 우리들에게 이 책은 오아시스와 같다. 「가장 고단하고 가장 빛나는 시간」은 3가지의 특별함이 있다.

첫째, 저자의 진솔한 삶의 고백이 있다. 이론적으로는 누구나 자녀 양육에 대해서 말할 수 있지만, 삶으로 말하는 것은 무척 힘들다. 저자는 자신의 양육의 좌충우돌 스토리를 진술하게 밝히고 있다. 둘째, 아빠의 육아 일기다. 보통 육아 관련 도서는 엄마들이 많이 썼는데, 이 책은 아빠의 관점에서 쓴 아빠의 일기라서 더 높은 점수를 주고 싶다. 셋째, 목사의 육아 일기라서 특별하다. 우리끼리 비밀이지만 육아 및 자녀 양육은 목사가 가장 못하는 것일 수 있다. 그런데, 저자는 그 특별함을 해냈다.

이 책은 저자의 삶에서 나온 이야기라서 독자들에게 위로가 될 것이고, 또한 저자의 체험담이니 독자들은 자녀 양육에 방법론적 도움을 받게 될 것이다. 이 책을 통해서 수많은 크리스천 가정들이 회복되길 소망한다.

이정현 청암교회 담임목사

육아의 현장은 어떤 책보다 더 깊고, 어떤 사역보다 더 치열한 배움의 자리라는 사실을 이 책은 온몸으로 증언한다. 저자는 육아의 하루하루를 '하나의 텍스트'처럼 읽어내며, 그 안에서 은혜와 통찰, 기도와 고백이 피어오르는 순간들을 솔직하고 깊이 있게 보여준다.

부모의 고단함과 기쁨이 교차하는 자리에서 그는 도망치지 않고, 그 모든 순간을 따뜻한 언어로 다시 길어 올린다. 바로 그 진심과 기록이 이 책의 힘이다.

지금 육아의 한가운데 서있는 부모는 물론이고, 다음 세대를 섬기는 모든 사역자에게도 꼭 권하고 싶은 책이다. 누군가는 이 책을 통해 위로를 얻을 것이고, 누군가는 다시 사랑할 용기를 얻을 것이다.

전인성 한국침례신학대학교 역사신학 교수, 원주중앙교회 대표목사

목차

추천사　4
프롤로그　육아 속에서 묵상이 피어났습니다　13

1부　육아 속에서 움트는 열 가지 지혜

DAY 1. 성장　우리 아이 건강하게 잘 크겠지?　19
DAY 2. 미소　아빠, 화났어?　27
DAY 3. 사랑　나 오늘 아빠한테 많이 혼났어　34
DAY 4. 공감　괜찮다고 말해줘서 고마웠어　42
DAY 5. 놀기　나중에 캠핑도 가고 비행기도 타자　51
DAY 6. 독립　나 혼자서도 잘 수 있어!　58
DAY 7. 연단　내 아이는 뺨에 눈물이 흐르지 않았으면　67
DAY 8. 다독임　다른 친구는 동생 없어서 편하던데　78
DAY 9. 관계　아빠처럼 되고 싶어!　86
DAY 10. 소중함　꿈에서도 잃고 싶지 않아!　95

2부　자녀에게 보내는 일곱 가지 축복

DAY 11. 사명자　천국을 들썩이는 아름다운 발　105
DAY 12. 하나님의 형상　너는 이미 예쁘고 사랑스럽단다　113
DAY 13. 예배자　나아는 천국 멋쟁이!　122

DAY 14. 특별한 존재　우리 아이 네 살이에요　　　　　130

DAY 15. 감탄　오 마이 슈퍼스타!　　　　　　　　　　139

DAY 16. 헌신의 삶　하나님에게 다 드리면, 나는 어떻게 살아?　147

DAY 17. 서로 사랑　양보핑, 내꺼핑, 아가핑　　　　　156

3부　육아에서 캐낸 일곱 가지 보석

DAY 18. 기적　여보! 소유가 쓰러졌어!　　　　　　　167

DAY 19. 생명력　다시 살아갈 기운을 얻어요　　　　　176

DAY 20. 믿음의 유산　나 발레학원 가고 싶어　　　　184

DAY 21. 동심　와! 동굴 탐험이다!　　　　　　　　　194

DAY 22. 하나님의 말씀　엄마 미워! 흥! 칫! 뽕!　　　　202

DAY 23. 천국의 가정　와! 우리 집이 제일 좋다!　　　　210

DAY 24. 언약 공동체　이사 가기 싫어!　　　　　　　218

4부　하늘 아버지를 향한 여섯 가지 고백

DAY 25. 영원한 아빠　아빠 손 언제까지 잡아야 돼?　　229

DAY 26. 토기장이 하나님　이 낙엽 하나 주워가면 안 돼?　236

DAY 27. 사랑 고백　얘야, 아빠 사랑하니?　　　　　　243

DAY 28. 아버지의 시선　아빠, 나 봤어?　　　　　　　250

DAY 29. 하나님의 자녀　엄마! 나 배고파!　　　　　　258

DAY 30. 오직 하나님께 영광　핼러윈은 나쁜 거지?　　　266

에필로그　그저 엄마 아빠면 충분합니다　　278

프롤로그

육아 속에서 묵상이 피어났습니다

아이와 처음 만난 날을 잊지 못합니다. 쭈글쭈글한 얼굴. 아직 뜨지 못한 눈. 양수와 태지로 뒤덮인 작은 몸. 강보에 싸인 아기는 팔다리를 가누지 못한 채 서럽게 울고 있었습니다. 그 곁에는 한 사내가 신생아 카트를 붙잡고 어깨를 들썩이며 울고 있었습니다. 바로, 이제 막 아빠가 된 저였습니다. 간호사의 설명은 한마디도 귀에 들어오지 않았습니다. 탄생의 경이로움이 제 모든 감각을 압도했으니까요.

아이는 처음부터 신비로운 존재였습니다. 그 낯선 아기에게 저는 순순히 이끌려 갔습니다. 그 빈손으로 나온 아기에게 저는 제 모든 것을 주겠다고 덥석 맹세했습니다. 그 가냘프고 조그마한 아기를 품으며 저는 평생 지켜주겠다고 속삭이며 다짐했습니다. 이토록 일방적이고 맹목적인 사랑이 제 안에 있다는 것을 몰랐습니다.

그런데……얼마 지나지 않아 경이로움은 경악스러움으로 바뀌었습니다. 탄생 순간은 '이상'(理想)이었고, 육아의 나날은 '현실'(現實)이었습니다. 아이는 선물처럼 다가오지 않았고, 적군처럼 침공했습니다. 매일 못 자고, 못 쉬고, 사건과 사고가 꼬리에 꼬리를 물었습니다. 한 아이를 키우려면 온 마을이 총동원돼야 한다는데, 저에게는 한 마을을 쉽게 쑥대밭으로 만들 수 있는 아이가 세 명이나 생겼기 때문입니다.

저도 나름 우여곡절, 산전수전 다 겪어보았습니다. 그런데 누군가 지금 제게 "인생에서 가장 힘든 시절은 언제입니까?"라고 묻는다면, 주저하지 않고 이렇게 말할 것입니다.

"10년 가까이 육아하고 있는 지금입니다!"

그리고 바로 "인생에서 가장 빛나고 행복한 시절은 언제입니까?"라고 묻는다면, 저는 또 주저하지 않고 이렇게 대답할 것입니다.

"10년 가까이 육아하고 있는 지금입니다!"

그러고는 울먹이겠지요. 이 모순 같은 대답이야말로 부모의 마음 아닐까요.

하루라도 방해받지 않고 잠 좀 푹 자보고 싶다고 투덜대다가도, 꿈나라를 여행하는 아이의 숨결을 들으면 마음이 녹습니다. 제가 사고 싶은 것 사지 못해 서운하다가도, 제가 사준 선물에 방방 뛰는 아이를 보면 슈퍼맨이 된 듯합니다. 제 밥 한 끼, 우아하게 음미하기는커녕 허겁지겁 때우면서도, 참새처럼 입 벌린 아이에게 음식을 넣어줄 땐 먹지 않아도 배부릅니다.

아이의 기저귀를 갈며 꼬질꼬질한 제 처지에 한숨 쉬다가도, 아이의 황금빛 변을 보면 안도하고 웃습니다. 격하게 혼자 있고 싶다가도, 퇴근 후 아이들이 품에 안겨 올 때 그곳은 천국이 됩니다. 그래서 저는 지금이 너무 힘들면서도, 더없이 행복합니다.

저는 육아 전문가가 아닙니다. 드라마에 나올 법한 근사한 아빠도 아닙니다. 그저 평범한 목사이자 아빠일 뿐입니다. 그런데 말씀을 연구하는 목사인 저에게, 육아가 하나의 텍스트처럼 다가왔습니다. 그 속에서 은혜와 지혜, 축복과 기쁨을 발견했습니다. 제 안에서 연둣빛 새싹처럼 고개를 내밀며 움튼, 그 단상들을 무심하게 지나치고 싶지 않았습니다. 그래서 밤마다 등불 아래에서 글을 남겼고, 그렇게 모인 글을 정성스레 엮어 책 한 권을 만들었습니다.

이 책을 펼친 독자 대부분은 지금 한창 육아 중이겠지요. 저도 같은 길을 걷는 동지로서 축복과 격려를 전합니다. 30일 동안 하루하루의 글과 기도문을 따라가며, 육아의 순간들이 이전보다 더 새롭게 다가오길 바랍니다. 저의 이야기가 마중물이 되어, 여러분의 육아에도 풍성한 은혜와 평강이 흘러넘치기를 소망합니다.

끝으로, 이 책의 주인공들에게 아빠의 마음을 전합니다. 저를 아빠라 불러주고, 아빠라는 삶을 선물해 준 소유, 온유, 하율이. "모난 아빠지만, 아빠는 너희를 하늘보다 더 높이, 바다보다 더 깊이, 우주보다 더 끝없이 사랑한단다. 세월이 흘러 너희가 이 책을 직접 펼치는 날이 머지않아 오겠지? 그날에, 아빠가 품었던 추억과 진심이 너희 마음에 따사롭게 스며들길 바란다."

그리고 공동 집필자와도 같은 아내에게 고맙습니다. 저는 글을 썼지만, 아내는 삶으로 이 책을 써 내려왔습니다. 독박에 가까운 육아를 감당하며 우리 가족을 지켜준, 사랑 많은 아내에게 깊은 감사와 사랑을 전합니다. 엄마 아빠로서 여전히 서툰 우리지만, 하나님만 의지하며 힘내자고, 기도로 은혜를 구하며 감사로 살아가자고, 이 자리에서 다시 다짐합니다.

2025년 12월, 구주 나신 날을 기다리며
신동재

1부

육아 속에서 움트는 열 가지 지혜

DAY 1.
성장

우리 아이 건강하게 잘 크겠지?

첫째 아이가 태어난 지 얼마 되지 않았을 때다. 아내가 아이를 안고 울적한 표정으로 있었다. 첫 육아라 많이 지쳐있던 아내는 이내 울먹이며 이런 걱정을 털어놓았다.

"우리 아이 건강하게 잘 크겠지?"

걱정 열 스푼, 불안 다섯 스푼으로 버무려진 이 질문이, 육아 내내 아내를 괴롭혔다. 뒤집기와 걸음마, 말하기와 같이 중요한 성장 과정이 조금이라도 늦으면 검색하며 확인하느라 핸드폰을 놓지 못했다. 이런 엄마의 예민함은 아이를 살뜰히 보호

한다지만, 엄마 스스로를 짓누르며 학대한다. 아빠인 나는 무심한 척, 믿음이 좋은 척한다. "아이는 다 건강하게 커!"라면서. 한 명은 걱정 모드, 다른 한 명은 쿨 모드, 이토록 다른 태도가 서로를 팽팽하게 밀고 당기며 막연한 육아를 버티게도 한다.

그래도 어쩔 수 없다. 부인할 수 없다. 모든 부모는 공감할 것이다. 부모에게 가장 큰 근심거리는 아이의 '성장'이라는 것을. 성장이 느린 아이를 볼 때 부모의 마음에는 온갖 불안과 공포가 타래 치며 요동친다. 그렇게 너덜너덜해진 겁쟁이 부모에게는 환청까지 들린다.

'당신이 생명처럼 소중히 여기는 아이에게 아주 큰 문제가 있다.
앞으로 세상 속에서 어려움을 피할 수 없고
무서운 고난과 비참한 괄시를 당할 수 있다.'

아이의 더딘 성장 앞에 한없이 울적해지는 부모이기에, 아이가 성장할 때면 누가 아이인지 모를 만큼 부모는 손뼉 치며 춤을 춘다. 아이의 '처음'을 우리는 모두 기억한다. 처음으로 옹알이를 할 때, 엄마 아빠를 부를 때, 스스로 걸음을 내디딜 때, 내 품에 달려와 안길 때, 하나님에게 찬양하며 기도할 때 부모는 경이롭고 황홀하며 환상적이다. 기억하고, 간직하고, 자랑하고, 곱씹고 싶은 추억이다.

하나님도 같은 마음이시다. 나의 자녀라고 하지만, 엄연히 하나님의 자녀다. 우리 아이의 성장을 보며 이토록 기뻐하는데, 하나님의 마음은 오죽하실까? 내가 아이의 성장을 바라는 만큼이나 하나님도 그것을 원하시며 기뻐하신다. 예수님이 "지혜와 키가 자라가며 하나님과 사람에게 더욱 사랑스러워 가시더라"는 말씀처럼(눅 2:52). 그러다 문득 이런 생각을 한다.

'하나님은 우리 아이의 어떤 성장을 원하실까?'

큰 키를 갖거나 많은 지식을 쌓는 것일까? 성적이 오르고 세상의 주목과 인정을 받는 것일까? 이 질문의 답을 깨닫게 해주신 분이 있었다. 함께 사역하는 부장 집사님과 대화 중, 그 집사님에게 자녀가 어떻게 자랐으면 좋겠냐고 물었다. 그분은 지체 없이 대답했다.

"그리스도인이요!"

적잖이 당황했다. 교회에서 입만 열면 가정에서의 신앙 교육을 강조하던 나였지만, 그 순간에는 의사, 변호사, 교사, 판사 같은 번듯한 직업을 들을 줄 알았다. 그 집사님은 그런 나를 부끄럽게 만드는 정답을 말씀하셨다. 사람이 이룰 수 있는 많은 성장이 있고, 그 모든 것을 하나님도 기뻐하시지만, 하나님은 나와 나의 자녀가 그리스도 안에서 자라가는, 그리스도께 속한 '그리스도인'의 삶으로 자라가며 살아가길 원하시기 때문이다(벧후 3:18 참조).

그때부터 나는 지금까지 그 답을 기억하며 간직했다. 자녀를 바라볼 때 나 역시 다른 부모처럼 소원하는 성장의 모습이 있지만, 끊임없이 다투고 다잡으며 아이에게 가장 중요한 성장의 목표와 방향은 '그리스도인'이라는 것을 되새겼다. 그동안 숱하게 보아왔다. 부모의 신앙이 자녀의 신앙과 연결되지 않을 수 있다는 것을. 어릴 적 신앙이 진짜 신앙이 아닐 수 있다는 것을. 자신의 불신앙을 폭로할 그날만 고대하고 있는 자녀가 많다는 것을.

'나의 자녀가 그리스도인으로 올바르게 살아가고 성장하고 있는가?'라는 질문을 대개 하지 않는다. 당장 눈에 띄는 신체, 성적에 집중하기 바쁘다. 부모가 자녀 신앙에 무관심하고 방심한다. 단지 눈에 보이는 교회 활동에 속기도 한다. 대표적 예가 고 3 수험 기간이 아닐까?

자녀가 고 3 수험생만 되면 모든 경건 생활에 면죄부가 주어진다. 주일 예배 한 번만 드려줘도 감지덕지다. 모든 신앙 교육, 교회 봉사를 내려놓으면 오히려 격려를 받는다. 이러한 결정을 적극 장려하기도 한다. 대학이라는 성과가 제일 중요하기 때문이다.

그렇게 성인으로 번듯하게 자란 자녀들이 대학과 사회를 거치며 교회를 떠나는 것은 낯설지 않은 현상이다. 그제서야 눈물 흘리고 가슴 치며 후회해도 소용이 없다. 어찌 보면 그 자녀는 부모가 설계한 대로 자란 것일 수도 있다.

자녀의 인생길에 실크 카펫이 깔리고, 그 곁에는 형형색색의 꽃이 심겨 있고, 세상과 사람의 갈채를 받았으면 하는 것이 모든 부모의 바람이다. 하지만 믿음의 부모라면 더욱 고상하고 빛나는 목표가 있어야 한다. 그것은 '그리스도인으로 자라가기'다.

하나님의 사람은 모두 믿음 안에서 성장했다. 하나님의 손에 빚어져 하나님이 쓰시기 좋은 사람으로 자라갔다. 아브라함은 하나님을 불신하던 자에서 하나님을 경외하는 자로, 모세는 혈기만 넘쳐 제 한 몸 감당 못 하던 자에서 하나님의 민족을 이끄는 위대한 영도자로, 바울은 교회를 핍박하던 자에서 그리스도와 그분의 몸 된 교회를 위한 복음의 일꾼으로 삶과 믿음이 무르익어 갔다.

나도 지금까지 많은 성장을 이뤘다. 키도 컸고, 지식도 쌓였으며, 목사 직분도 받았다. 지금은 세 자녀를 키우는 가장도 됐다. 사람들은 눈에 보이는 이 사실들을 보면서 칭찬도 해줬고, 그 말들은 나를 으쓱하게도 했다. 하지만 하나님과 나만 알 수 있는 가장 큰 성장은 '믿음'이었다. 그 믿음은 사람들 눈에는 보이지 않아 화려하지 않지만, 내 안에서는 가장 풍성한 결실이다. 예수님을 모르던 내가 예수님을 점점 더 깊이 사랑하고 있다. 여전히 엉망인 구석도 많지만, 그래도 하나님이 나를 흐뭇하게 바라보실 거라 믿고 있다.

이제는 하나님에게 나의 자녀가 그리스도인으로 성장하는 기쁨을 안겨드리고 싶다. 나에게 맡겨주신 하나님의 자녀들이, 건강하고 똑똑하고 잘난, 세상에 널리고 널린 사람이 아니라, 하나님 나라에 요긴하게 쓰이는 그리스도인으로 자라가길 바란다. 아브라함처럼, 모세처럼, 바울처럼.

첫째, 둘째 아이는 주일에 배운 것을 기억하는지, "하나님, 예수님 사랑해요", "하나님의 영광을 위해 살 거예요"라고 말하는데, 어찌나 기뻤는지 모른다. 작은 입을 쩍쩍 벌리며, 손짓 발짓하고 엉덩이를 신나게 흔들며 찬양한다. 누나들 공과 책을 눈치 없이 찢기는 해도, 누나들 암송 구절을 뜻도 모르고 따라 하는 막내도 있다. 그럴 때면 하나님의 아빠 미소가 눈에 선하다.

나 역시 아이들의 키, 성적, 입시, 취업 때문에 울다가 웃었다가 할지 모르겠지만, 그래도 언제나 아이들이 그리스도인으로 자라가는 것을 가장 크게 열망하고 기뻐할 것이다. 그리고 이 말씀이 우리 아이들 삶에 실현되는 것을 꼭 보고 싶다.

아이 사무엘이 점점 자라매 여호와와 사람들에게 은총을 더욱 받더라(삼상 2:26).

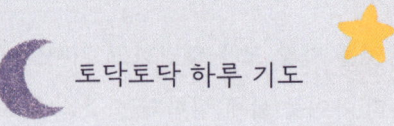

토닥토닥 하루 기도

  하나님 아버지, 오늘도 하나님의 자녀를 저에게 맡겨주시니 감사드립니다. 오늘도 아이가 자라가는 모습을 보며 누리는 감사와 기쁨이 얼마나 큰지 모릅니다.

  주님, 아이가 그저 세상의 주목을 받는 성장이 아닌, 그리스도의 은혜, 지식, 사랑 안에서 참된 그리스도인으로 무르익게 하소서. 부족한 저에게도 은혜를 더하사, 곁눈질하지 않고 오직 하나님의 사람, 하나님 나라의 일꾼으로 양육할 수 있는 용기와 신앙을 주시고, 거룩한 푯대를 아이와 함께 바라보며 달려가게 하소서. 하나님이 기뻐하시는 자녀를 안겨드리는, 하나님에게 칭찬받는 부모 되게 하소서. 오늘도 우리 자녀를 먹이시고 키워주시는 그 은혜에 감사하며, 예수님 이름으로 기도합니다. 아멘.

**DAY 2.
미소**

아빠, 화났어?

부모만 자녀에게 관심이 많은 것은 아니다. 자녀도 어릴수록 부모에게 관심이 많다. 나의 말투, 행동, 신앙 등 일거수일투족을 뚫어져라 쳐다보며 감시해, 그 시선이 따가워 성가실 때가 있다. 그중에서도 아이는 부모인 나의 표정을 가장 많이 주목했다. 그래서 내가 아이들에게 심심치 않게 듣는 말이 있다.

"아빠 화났어?"
"아니? 왜?"
"아니 아빠가 안 웃어서. 아빠 왜 안 웃어?"
"……."

난 조금도 화나지 않았다. 멍하니 있거나, 잡생각을 하고 있었을 뿐이다. 종일 많은 사람과 사역 안에 있었으니 숨을 돌리며 충전하고 있을 때도 있었다. 아직 아이들이 그런 나의 속내를 보기는 이르다. 그래서 '웃지 않으면 화남'이라는 단순한 공식으로 나를 지켜본다. 하는 짓만 보면 아이는 위아래도 버릇도 없는 철부지로 보이지만, 부모의 표정으로 분위기도 읽고 눈치도 본다. 그래서 나의 표정으로 아이들의 마음을 불편하게 한 것 같아 미안하기도 하다.

선생님들이 유아를 상대할 때 높은 목소리 톤, 밝은 표정, 역동적인 몸짓과 텐션을 유지하는 이유를 알 것 같다. 어른은 표정 너머에 있는 사람의 사정을 읽지만, 아직 아이들은 그러지 못한다. 표정으로 감정과 분위기를 느낄 뿐이다. 부모는 가정의 생계뿐 아니라 감정의 흐름, 분위기까지도 신경 써야 한다. 그래서 아이들의 평온한 마음을 위해 최대한 활기찬 모습을 보여줘야 한다.

생각해 보니 나도 그랬다. 어린 시절, 집에 들어올 때 부모님의 얼굴이 환하면, 내심 편하고 좋았다. 웃음소리까지 들리면 금상첨화였다.

'어둠의 자식.'

한때 누군가가 나를 이렇게 불렀다. 한창 사춘기를 지나고 있었고, 인생의 모든 결핍, 짜증, 원망이 쓰나미처럼 밀려오는 시기였다. 그때는 항상 뚱한 표정으로 어둑하고 외진 곳에 혼자 있었다. 시선은 늘 땅을 향했고, 좀처럼 웃지 않았다. 그런 나를 바라보며 한 선배 형이 말했다.

"넌 왜 그렇게 항상 어두운 곳에, 어두운 표정으로 있냐? 어둠의 자식처럼."

스스로를 구석진 곳에 유폐하며, 그 단절된 곳에서 처량한 나의 신세와 마음 상태를 감추고 싶었지만, 나의 얼굴은 이미 나의 과거와 현재를 깡그리 폭로하고 있었다.

이런 내가 예수님을 만난 후에는 전혀 달라졌다. 신학교를 다니며 교회 공동체를 경험했고, 하나님과, 그리고 지체들과 사귀는 그곳에서 웃고 즐기는 법을 배웠다. 주님의 은혜와 지체의 사랑을 경험하고, 결혼해 이룬 가정에서 아내와 자녀들을 만나니, 인생의 먹구름이 조금씩 걷히기 시작했다. 자연스레 얼굴에 웃음도 많아졌다. 이제는 누구도 나한테 '어둠의 자식'이라 말하지 않는다. 오히려 "참 잘 웃는다", "인상이 훤하다"라는 말을 자주 듣는다.

사람 얼굴에는 세월과 감정이라는 기록이 남는다. 유복하고 평탄한 삶을 산 사람은 대개 고운 얼굴을 지닌다. 반대로 거친 삶을 살아온 사람들은 얼굴에 구김살을 피하기 어렵다. 그리고 어린 자녀는 부모의 얼굴에서 부모의 감정, 세월이라는 기록을 차차 읽어나간다. 감정의 영향을 받아 불안과 안도를 넘나들기도 한다. 그뿐만 아니다. 모진 인생을 대하는 자세, 사람을 마주하는 태도, 그리고 하나님의 성품까지 배운다.

※

'믿음의 조상' 아브라함, 그에게도 '흑역사'는 있다. 감히, 하나님을 비웃은 것이다. 하나님이 아들을 주시겠다고 분명히 약속하셨음에도 아브라함은 괴이한 반응을 보인다.

> 아브라함이 엎드려 웃으며 마음속으로 이르되 백 세 된 사람이 어찌 자식을 낳을까 사라는 구십 세니 어찌 출산하리요 하고(창 17:17).

겉으로는 하나님 앞에 엎드려 있었지만, 속으로는 하나님을 의심했다. 하나님의 전능하심과 주신 약속보다 자신의 형편에 더 큰 확신을 두었다. 은밀히 감추었던 그의 불신앙이 얼굴로 튀어나왔다. 웃음, 아니 비웃음으로 말이다. 아브라함의 아내

사라도 별반 다르지 않았다. 이후에 그 가정에 무슨 일이 일어났는지 모두가 다 안다.

하나님의 약속대로 한 아들이 아브라함 가정에 주어졌다. 아이러니하게도 이름은 '이삭'이었는데, '웃음'이라는 뜻이었다. 하나님은 이삭이라는 이름으로 아브라함과 사라가 비웃었던 일을 떠올리게 하셨고, 비웃음을 밝은 웃음으로 바꾸어 주신 하나님을 나타내셨다. 그래서 사라는 "하나님이 나를 웃게 하시니"라고 말하지 않았던가(창 21:6).

놀라운 하나님이시다. 하나님은 우리를 웃게 하시는 분이다. 선하시고 은혜로우신 하나님을 바라보면 기뻐할 수밖에 없다. 우리를 슬픔 가운데 두지 않으신다. 울고 있는 나를 일으켜 춤추게 하시고, 애통으로 적셔진 베옷을 벗기고 기쁨으로 띠 띠우시는 분이시다(시 30:11).

사역을 마치고 집으로 돌아온 나는, 현관문을 열지 않은 채 잠시 숨을 고르고 있을 때가 있다. 얼굴의 근육을 움직이며, 아이들이 가장 먼저 살필 내 표정을 매만진다. 교회에서는 의식적으로 조심하며 곧잘 웃지만, 가정에서는 평범한 아빠로 돌아와 좋은 표정을 유지하기가 어렵다. 모든 피로가 몰리는 시간, 가장 편한 집은 나 자신을 쉽게 내려놓아 버릴 수 있다. 교회에서는 천사의 가면을 쓰다가도, 집에 와서 아이들 앞에서는 그 가면을 벗어던지고 악마를 보여줄 수 있다.

그래서 더 의식하고 노력할 수밖에 없다. 교회에서 집에 간다 생각하지 않고, 교회에서 교회에 간다고 생각도 한다. 가정도 교회처럼 내가 섬겨야 할 영혼이 있고, 그 영혼들이 내 표정을 보며 많은 것을 배우고 느낄 것이기 때문이다.

'웃으면 복이 온다'는 말, 나는 믿지 않는다. 하지만, 이미 받은 복이 많기에 자족하며 웃으며 살 수 있다고 믿는다. 이러한 사실을 자녀에게 알려줄 수 있는 가장 좋은 방법은 웃음을 짓는 것이다.

어두운 얼굴로 전쟁과도 같은 세상을, 아빠의 연약한 믿음을, 아직은 들키고 싶지 않다. 밖에서는 인상 좋은 목사, 집에서는 험악한 아빠가 되고 싶지 않다. 사방으로 욱여쌈을 당하는 날이 많고, 그 모든 무게가 얼굴을 짓눌러도, 오늘도 나는 입꼬리로 양 볼을 번쩍 들어본다. 세상은 아직 살만하다고, 너희들과 함께하는 아빠의 삶은 행복하다고, 언제나 선하신 하나님은 우리에게 자족을 주시며 웃게 하시는 분이라고 환한 얼굴로 알려주고 싶다. 그리고 그 미소로 아이들에게 새가 지저귀고 꽃이 만개한 봄날을, 폭죽이 터지고 팡파르가 울리는 천국을 선물하고 싶다. 그래서 오늘도 난 아이 앞에서 웃는다. 힘껏, 그리고 활짝.

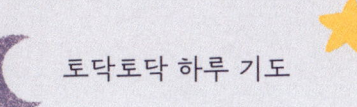

토닥토닥 하루 기도

    나의 기쁨 되시는 하나님, 오늘도 많은 일과 속에서 지친 저를, 감사와 자족으로 기뻐하지 못했던 저를, 사랑으로 위로하며 만져 주소서.

    하나님 저는 아이의 눈에 미소를 담아주는 부모가 되고 싶습니다. 그 미소로 하나님의 선하심과 인자하심을, 사망도 애통도 없는 천국을 미리 맛보여 주고 싶습니다. 삶의 무게로 얼굴에 고단함과 슬픔이 있을지라도, 자녀 앞에 설 때 환한 웃음을 덧입히사, 아이에게 평안을 전하게 하시고, 기쁨과 감사로 사는 삶을 가르치게 하소서. 주님, 아이의 얼굴과 영혼에 그늘과 흠이 없기를 간구합니다. 어린 시절부터 하나님의 은혜와 사랑을 충만하게 하사, 조금의 어두움이 틈타지 못하게 하소서. 해처럼 환하게 빛나며, 사랑스럽고 복스러운 주의 자녀가 되게 하소서. 오늘도 무거운 짐을 대신 짊어주시는, 우리 구주 예수님 이름으로 기도합니다. 아멘.

DAY 3.
사랑

나 오늘 아빠한테 많이 혼났어

둘째 아이가 오늘만큼은 아빠랑 같이 잔다고 떼를 쓴다. 그동안 첫째와 둘째 모두를 양옆에 끼고 잤는데, 아이들의 몸이 자라서 잠자리가 비좁았다. 그래서 얼마전 편안한 잠자리와 아이들의 독립을 위해 잠을 따로 자자고 과감히 선언했다. 아이들의 침대를 준비해 줬고, 처음엔 생이별하듯 울며불며했지만, 이윽고 곧잘 떨어져서 잤다.

그런데 둘째 녀석은 여전히 부모와 같이 자고 싶다 하니, 아직 애는 애였다. 그런 아이를 애틋하게 바라보고 안아주며 오늘은 함께 자자고 했다. 누운 아이의 머리를 쓰다듬어 주며 이렇게 물었다.

"얘야, 오늘 하루 어땠어? 재미있었어?"

"음…, 나 오늘 아빠한테 많이 혼나서 별로였어."

"아…, 아빠가 그랬나? 그랬구나. 그래서 많이 속상했지?"

"응. 너무 슬펐어."

내 딴에는 아이를 충분히 사랑한 하루였다. 온몸으로 부딪히며 재미나게 놀았다. "오늘 하루 어땠어?"라는 나의 질문에 "오늘 정말 재밌었어!" "아빠 최고!"라는 아이의 대답으로 보상받고 싶었다. 그러나 오늘 하루를 담은 서로의 머릿속에는 딴판의 기억이 있었다.

'기억'은 인생의 '편집본'이다. 사람은 모든 장면을 간직할 수 없다. 끝없이 기억하는 동시에 끝없이 망각하기 때문이다. 남아있는 기억은 급류에서 살아남은 만큼, 질긴 생존력으로 더 잊히지 않는다. 그래서 두려운 것이 하나 있다.

'내 품에서 자란 이 아이의 머리에는,

어떤 기억이 살아남아 있을까?'

특히나 유아 시절에는 짤막한 몇 컷만 각인되니 말이다. 화사하고 포근한 추억만 새겨주고 싶은데, 하루를 새김질하는 아이를 보니, 쉽지 않은 듯하다.

나도 하루를 복기해 본다. 많이 혼내긴 혼냈더라. '꽃으로도 아이를 때리지 말라'는 금언을 따라 체벌하지 않는 것에 은은한 자부심이 있었다. 하지만 실상은 손만 들지 않았지 무수히 많은 체벌을 하고 있었다.

"뛰어다니지 마라", "밥 남기지 말고 골고루 먹어라", "TV 그만 봐라", "싸우지 마라", "초콜릿 그만 먹어라", "양치해라", "숙제해라", "아직도 애처럼 행동하니?" 등등.

죄다 혼나는 말만 퍼부었다. 부모가 되니 자녀는 왜 이렇게 성에 안 차는지, 하루 내내 지청구만 늘어놓았다. 그런데도 듬뿍 사랑해 준 줄 착각하고 있었다. 그래서 사랑은 참 어려운 것이다. 마음과 뜻과 힘을 다해 사랑했는데, 아이는 그 사랑을 느끼지 못했다. 내 탓이다, 내 탓.

부모는 사랑이라는 모호한 개념을, 또렷하게 정의해 아이에게 전달해야 한다. 그런데 나는 아이를 너무 사랑해서 바르게 키우려고, 실수와 실패를 피하게 하려고 욕심에 꾸짖기만 하며 왜곡된 사랑을 보여준 것 같다. 사랑하기보다 가르치기만 해왔던 것 같다. 그런데 예수님은 무엇보다도 사랑을 선행하셨다.

※

　예수님이 성전에서 진리를 가르치고 계셨다. 마침 주변에서 한바탕 소란이 벌어졌다. 서기관과 바리새인들이 한 여인을 끌고 와 가운데에 세웠다. 간음하다 현장에서 잡힌 것이다. 여인은 창백한 얼굴을 한 채 부들부들 떨고 있었다. 그들은 곧장 돌로 쳐서 처벌하려 했지만, 예수님을 먼저 시험한다.

　모세는 율법에 이러한 여자를 돌로 치라 명하였거니와 선생은 어떻게 말하겠나이까(요 8:5).

　예수님이 '돌로 치라' 하면 그동안 보인 사랑의 행보에 흠집을 냈을 것이다. 유대인은 처형할 권한이 없었으니, 로마법에 저촉되도록 유도했을 수도 있다. 반대로 '치지 말라' 하면, 율법을 어긴 반율법주의자로 내몰았을 것이다. 일촉즉발의 위기에서, 예수님은 자신보다 여인을 먼저 보호하신다. 손가락으로 바닥에 무언가를 쓰셨고, 입을 여시며 단호히 말씀하신다.

　너희 중에 죄 없는 자가 먼저 돌로 치라(요 8:7).

　정의에 불타던 자들이, 이 말씀을 듣고 양심에 가책을 느낀다. 손에 들고 있었을 돌을 내려놓고 그 자리를 떠나간다. 예수님은 다시 간음한 여인을 보셨다. 돌에 맞아 죽을 위기를 넘겨 온몸에 힘이 빠졌을 것이다. 극심한 공포로 억눌렸던 눈물이 터져 나왔을 것이다. 그때 그의 귓가에 주님의 온유한 음성이 들려왔다.

나도 너를 정죄하지 아니하노니 가서 다시는 죄를 범하지 말라(요 8:11).

간음한 여인의 죄는 명백했다. 하지만 예수님은 돌을 먼저 들지 않으셨다. 정죄할 수 있는 권한도 있으셨다. 하지만 오히려 사랑으로 보호하셨다. 죄를 용납하지도 않으셨다. 죄를 범하지 말라고 단호히 훈계하셨다. 예수님은 먼저 사랑하셨고, 그 사랑의 울타리 안에서 진리를 가르치셨다. 그래서 여인에게는 가르침보다 사랑이 짙게 남았을 것이다.

그렇다고 여인이 다시 죄를 지었을까? 받은 사랑을 틈틈이 회상하면서, 그 사랑에 걸맞은 삶을 살고자 애썼을 것이다. 이 말씀을 묵상하니, 정반대의 내 모습이 떠오른다.

"너 아빠가 주스는 식탁에서 마시라고 말했지!"

엎질러진 주스가 바닥 매트 안으로 신속하게 기어들어 갔다. 뒷정리할 생각에 짜증이 솟구쳐 올랐다. 화를 참지 못해 "야! 너! 정말 이럴래?!"라는 매몰찬 말로 아이의 마음을 때렸다. 후회해도 늦었다. 엎질러진 물만큼 못된 말은 빠른 속도로 아이 영혼에 침투해 상처를 냈다. 아이를 교훈한 것이 아니었다. 원래 주먹은 아래로 향한다. 나보다 약하고 작으니 주먹 휘두르듯 격분한 것이다. 이런 양육은 사랑도, 훈육도, 무엇 하나 얻지 못했다. 아이는 교훈보다 상처를 받았고, 실수하지 않겠다는 다짐보다 원망을 품었을 것이다.

사역을 하며 동역하는 선생님들에게 강조하는 지침이 있다. 아이들에게 율법으로 복음을 가르치지 말고, 복음으로 율법을 가르치라는 것이다. "주일에 예배 빠지지 마라", "헌금은 꼭 준비해라", "예배 시간에 떠들지 마라", "전도 많이 해라", "말씀 읽고 QT 해라"는 의무보다, 십자가 사랑이 담긴 복음을 먼저 알려주라는 뜻이다. 그러면 그리스도인의 의무는 자연스럽게 따라온다. 사랑받은 자는, 그 사랑에 어울리는 헌신과 책임을 행하기 마련이다.

말이 쉽지, 행동과 변화는 어렵다. 이성보다 감정이 앞서는, 지극히 평범한 아빠일 뿐이다. 디모데후서 4장 2절 말씀을 보면 "오래 참음과 가르침"은 한 세트다. 오래 참음이라는 사랑이 선행되지 않으면, 참된 가르침 또한 없다. 사랑이 없는 훈육은 변화를 얻을 수 없다. 그렇다고 방관하는 것은 사랑이 아니다. 이렇게 돌고 도니 어려운 것이다. 그저 사랑과 교육이라는 팽팽한 줄다리기 사이에서 몇 가지 다짐해 본다.

- ◆ 사랑한다고 입버릇처럼 자주 말하기
- ◆ 아이가 실수할 때 감정을 덜어낸 후 대화하기
- ◆ 중요하고 필요한 말만 하기
- ◆ 아이를 연약한 그릇처럼 소중히 감싸기
- ◆ 아이는 아빠에게 사랑받는 존재라는 것을 유념하기

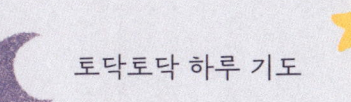

토닥토닥 하루 기도

하나님, 그리스도의 넘치는 사랑으로 저를 구원하셨지만, 저는 그 사랑 앞에서 한없이 부끄러운 부모입니다. 매일을 사랑만 해도 모자란데, 다함 없는 사랑을 부어도 아깝지 않은데, 그런 귀한 자녀에게 훈육한다는 핑계로 성을 내며, 날을 세우며, 분노했던, 지난 나날을 주님께 고백하며 회개합니다. 저를 불쌍히 여기사 용서하소서.

끝까지 포기하지 않으시며, 오래 참으시며, 모든 허물을 덮으시며, 마침내 거룩으로 이끄시는, 그 하나님의 사랑을 닮게 하소서.

저로 말미암아 아이의 인생과 기억 그리고 영혼에, 상처와 울분이 아닌 하나님의 완전하고 영원한 사랑만 세밀히 깃들게 하소서. 그 풍족한 사랑으로 아이가 올곧은 삶을 살게 하시고, 또 다른 영혼을 사랑하며 살리는 인생 되게 하소서. 우리를 죽기까지 사랑하신 예수님 이름으로 기도합니다. 아멘.

DAY 4.
공감

괜찮다고 말해줘서 고마웠어

첫째와 둘째는 두 살 터울의 자매다. 둘은 '부부의 세계'만큼이나 '자매의 세계'도 만만치 않다는 사실을 알려준다. 함께 신나게 놀다가 갑자기 지독하게 미워하고, 한때는 전우였다가 순식간에 철천지원수가 돼있다. 한창 어리광 피우고 싶은 시기에 더 어린 동생을 챙겨야 해서 고단한 첫째, 태어나자마자 언니라는 경쟁자가 있어 싸움이 일상인 둘째. 저마다의 입장이 있어 둘의 관계는 늘 살얼음판이다. '과연 형제가 맞을까?', '이렇게 싸우다 누구 하나 크게 다치지는 않을까?' 우려할 만큼 살벌하다.

나도 보통 성격은 아닌지라, 울며불며 다투는 소리에 참지 못하고 호되게 혼을 낸다. 그런 아빠 앞에 선 그들은, 법정에 선 피해자가 되어 목 놓아 울며 항변한다. 이 재판은 솔로몬도 해결할 수 없다. "동생 때리지 마라", "언니 물건 만지지 마라", "동생 괴롭히지 마라." 입장에 맞게 차분히 가르쳐도 보고, 다그쳐도 보고, 빌며 사정해 보아도, 허공의 메아리다. 둘 다 어깃장 부리며 제 본새를 버리지 못한다.

"야! 너 혼날래?! 너 아직도 애기야?!"

첫째가 둘째에게 고함치며 오늘의 선전포고를 한다. 총칼을 들지 않았을 뿐, 오늘도 그들은 혈투를 벌인다. 전쟁이 일어나는 패턴은 비슷하다. 대부분 둘째가 첫째의 심기를 건드리며 즉발한다. 첫째는 조금 컸다고 혼자 있기를 원하고, 옳고 그름을 구분할 수 있다. 하지만 동생은 아니다. 언니와 함께 놀고 싶어서, 언니를 괜히 화나게 하고 싶어서 얄궂게 군다. 오늘도 그랬다.

참다못한 첫째는 그간 묵은 감정이 터졌는지, 물건을 던지며 동생을 때리려고 했다. 심상치 않은 분위기에 달려가 첫째 아이를 힘껏 붙잡았다. 평소 같았으면 눈을 부릅뜨며 나무랐을 텐데, 이날은 나도 모르게 와락 안아주며 이런 말을 뱉었다.

"아빠가 너 마음 다 알어. 괜찮아."

이 말을 듣자 아이 몸에 독기가 빠지는 것이 느껴졌고, 이후에는 내 품에 안겨 한참을 울었다. 나는 "괜찮아"라는 말과 함께 등을 다독여 줬다. 시간이 얼마나 흘렀을까. 진정된 아이는 나에게 울먹이며 말했다.

"아빠, 괜찮다고 말해줘서 고마웠어. 혼날 줄 알았거든."

아이에게 왜 그렇게 반응해 줬는지는 모르겠다. 평소였으면 신경질 섞인 짜증을 내며 혼쭐을 냈을 텐데 말이다. 다행인 것은, 불쑥 튀어나온 그 행동과 말 한마디가 아이 마음을 어루만졌다. 나도 첫째였기에 겪었던 어려움도 차분히 말해줬다. 효과가 있었다. 그렇게 아이의 솟아오르는 분노가 서서히 식었다. 그렇게 나는 꽤나 긴 시간 동안 아이를 안아줬다. 그날 나는 '공감'의 힘을 새삼 느끼고 배웠다.

"남의 감정, 의견, 주장 따위에 대하여 자기도 그렇다고 느낌. 또는 그렇게 느끼는 기분."

'공감'의 사전적 의미이다. 아빠인 나를 보면, 엄마보다 공감

능력이 부족한 것 같다. 남의 감정에 공감하기보다, 남을 나에게 끌고 오는, 정답만 말하며 해결만 하려는, 남성의 특성 탓 같기도 하다. 그래서 들어주기보다는 말하기를, 이해하기보다는 설득하기를, 공감하기보다는 답을 주기를, 기다리기보다는 재촉하기를 더 즐겨한다. 내가 딱 그렇다. 그래서 아내와 아이들에게 남편이자 아빠의 역할을 열심히 했어도, 헛다리 짚은 적이 부지기수다. 특히 여자의 마음을 몰라 아내와 딸들의 원성도 자주 들었다.

자라온 환경의 탓도 있다. 요즘 시대야 인터넷 콘텐츠로 육아 전문가의 강의를 언제든지 들을 수 있으니, 아이 감정에 공감하며 귀 기울이는 법을 자연스레 배운다. 그런데 나 때는, 공감은커녕 안 맞으면 감사했다. 말하면, 말대답한다 했다. 울면, 사내자식이 약해 빠졌다 했다. 힘들다 하면, 어른이 더 힘들다고 도리어 꾸지람만 들었다. 이제는 다르다. 아이도 동등한 인격체로 존중하며 공감해 줘야 한다고 말한다. 육아 전문가들이 입을 모아 한 말을 들어보자.

마음만 알아줘도 관계가 한결 편안해져요. 감정을 인정해 준 사람에게 아이는 이해받았다고 느끼고, 마음을 엽니다. 존중의 핵심은 감정에 있습니다. 감정을 인정받을 때, 아이들은 존중을 경험합니다(윤지영, 「엄마의 말 연습」 中).

'화'나 '분노'라는 감정을 가졌다는 이유로 혼이 나고 벌을 받아야 하는 것은 아니다. 아이가 느끼는 모든 감정은 존중되어야 하고, 공감되어야 한다. 그래야 부적절하게 왜곡되지 않고, 더 다양하고 바람직하게 발달해 나간다(오은영,「못 참는 아이 욱하는 부모」中).

어른도 다르지 않다. 감정을 토로할 때는 답을 들으려는 의도가 아니다. 답은 이미 다 알고 있다. 마음을 알아달라고, 헤아려 달라고 사정하며 울부짖는 것이다. 아이들도 마찬가지다. 그래서 소나기처럼 따갑게 쏘아붙이는 타박이나 잔소리 대신, 해처럼 포근하게 속마음을 감싸고 안아주면, 아이의 마음은 활짝 열린다. 부모와 가슴 시원한 대화를 나눈다.

반대로 감정을 존중받지 못하면 어떻게 될까? 아이의 닫힌 마음에 감정이 쌓일 것이고, 어른을 신뢰하지 못한 채 삐딱하게 볼 것이다. 타인을 헤아리는 방법을 배우지 못할 것이다. 무엇보다도, "말이 안 통해!"라는 말을 듣던 답답한 사람이, 바로 내가 돼있을 것이다.

아이를 존중하며, 그 마음에 귀를 기울이는 것은 왜 그렇게 어려울까? 그 이유는 다른 곳에 있지 않다. 나 자신에게 있다. 어른이기에, 인생을 더 살았기에, 마치 정답을 안다고 으스대며 고압적으로 억누르려는 치졸한 습성 때문이다. 더 솔직해지면, 공감의 능력이 없다기보다, 상대에 따라 '있다 없다' 한다. 어렵거나 높은 대상에게는 굽신거리며 저자세로 경청하려 하지만, 어릴수록 경홀히 여기기 쉽다.

※

하나님의 아들이신 예수님은 우리와 함께하기 위해 철저히 낮은 모습으로 찾아오셨다. 편재(遍在)하시는 분이 걸어 다니셨다. 왕께서 선생이라 불리셨다. 말씀이신 분이 말씀에 순종하셨다. 배고픔과 피곤함을 겪으며 졸기도 하셨다. 마지막에는 고난당하시고 죽으셨다.

힘든 마음을 위로하려고 다가가면 '당신이 내 마음을 어떻게 알아?'라고 까칠하게 반응할 때가 있다. 예수님에게는 그 말이 안 통한다. 연약한 인생을 몸소 사셨고, 죄가 없으신 분이 죄인의 자리에 서셨다. 친히 시험을 받으시고 참혹한 고난을 겪으셨다. 그래서 예수님은 모든 연약함과 아픔을 공감하시는 분이시다. 어린아이라도, 낮고 천한 자라도 홀대하지 않고 무릎을 꿇고 눈을 맞추어 주셨다.

혈루증을 앓던 여인도 그 은혜를 입었다. 여인의 삶에는 희망과 소망 대신 비참과 절망이 있었다. 사랑해 주는 이 대신 부정하다고 조롱하던 이들만 남았었다. 쓸쓸한 인생이었다. 여인은 절박함을 갖고 예수님에게 찾아온다. 그리고 무리 사이로 손을 뻗어 예수님의 옷자락을 만졌다. 이를 알아채신 예수님, 이렇게 다정한 말씀을 건네신다.

딸아 안심하라(마 9:22).

예수님은 여인의 쿵쾅거리며 요동치는 심장 소리를 들으셨을까. 바들바들 떨며 서있던 모습을 보셨을까. 그녀가 처음 들어봤을, 그토록 듣고 싶었을 다정한 언어였다. 예수님은 질병만 치유하지 않으셨다. 공감과 존중으로 여인의 꽁꽁 언 영혼의 내면을 녹이셨다. 육신뿐 아니라 영혼에도 풋풋한 봄이 찾아왔을 것이다. 이후에 여인은 분명히 단단하고 꼿꼿하게 삶을 살아갔을 것이다.

하나님은 우리의 구석구석을 다 아신다. 그분 앞에서 숨길 수 있는 아픔과 상처는 없다. 이 사실만으로도 벅찬 위로로 다가온다. "사랑한다 내 딸아(내 아들아), 내가 너를 잘 아노라"는 음성에 눈물을 쏟는다. 당장 해결되지 않아도 된다. 하나님이 아시니 이미 응답은 다 받은 것이다.

하나님 앞에서의 나처럼, 아이도 부모에게 마음을 들키고 싶다. 그런데 정작 나는 정말 모르기도 했지만, 일부러 외면하기도 해 미안할 뿐이다. 공감과 존중 안에서 아이와 가까워지고 싶다. 서로에게 평생 비밀이 없기를 바란다. 아빠인 내 앞에서만큼은 무장해제하고 격 없이, 허물없이 지내고 싶다. 아빠만 만나면 입이 쉴 새 없이 바쁘고, 영혼에 축제가 열렸으면 좋겠다. 그래서 아이가 몸뿐만 아니라 마음도 튼튼하게 자랐으면 좋겠다. 그러려면 하나님이 내게 먼저 베풀어 주신 공감의 언어를 실천해야 한다.

"애야, 아빠가 너의 마음을 다 안단다."

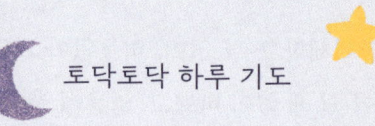
토닥토닥 하루 기도

하나님 아버지, 나의 모든 연약함을 공감하시며 동정하시는, 그 주님의 위로와 사랑으로 부모의 삶을 버티며 감당하고 있음을 고백합니다. 하나님, 저도 저의 어린 자녀에게 부드럽고 안락한 공감을 건네주고 싶습니다. 수많은 책임과 역할 속에서, 내 한 몸과 마음 챙기기도 버거울 때가 많습니다. 그래서 아이의 심정을 외면하고, 어떨 때는 그 작은 아이에게 부모의 무게를 하소연하기도 합니다.

하나님 저를 붙드시고, 부모의 사명과 본분을 놓지 않게 하소서. 저를 살리고, 울고 웃게 하고, 일으켰던 주님의 세심한 만져주심이, 아이를 대하는 저의 언어와 행동에 드러나게 하소서. 아이의 눈을 맞추며 그 마음을 헤아리고자 하는 깊은 열심을 주시고, 그런 저를 통해 아이의 마음이 깨끗하고 튼튼해지고, 아이와 저 사이에 어떠한 허물과 벽도 없게 하소서. 감사드리며, 예수님 이름으로 기도합니다. 아멘.

DAY 5.
놀기

나중에 캠핑도 가고 비행기도 타자

주말을 보내고 아이들이 유치원만 다녀오면, 민원이 빗발친다.

"아빠, ○○는 놀이공원 다녀왔대!"
"아빠, ○○이는 캠핑 다녀왔대!"
"아빠, ○○는 일본 가서 오늘 유치원 안 왔대!"

유치원은 월요일이면 '전국자랑대회'가 열리나 보다. 황금 같은 주말 동안 저마다 가족과 정겹고 신나는 시간을 보내고, 며칠 만에 만난 친구들에게 그 벅찬 소감을 마구 쏟아낸다. 군인은 무기를, 요리사는 재료를, 목사는 설교를 준비해 오듯 아이들은 유치원에 비수 같은 자랑을 준비해 온다. 마치 하늘을 날다 온 것처럼. 타인의 처지보다 자기 자랑이 앞서는 때니 막을 방법은 없다.

반면에 우리 집 주말의 유일한 일정은 '주일 성수'다. 그래서 아이들은 늘 빈손으로 털레털레 유치원에 간다. 주말은 아주 거룩하고 온전하게 교회에 헌납하는 목사 아빠를 둔 덕분이다. 그러니 방방 뛰며 뽐내는 친구들 앞에서, 주눅이 들었을 것이다.

애석하지만, 주일 성수는 예수님을 믿는 가정이라면 숨 쉬듯, 밥 먹듯, 물 흐르듯 너무나 자연스러운 일이다. 숙명과도 같다. 주일은 내가 아닌 주님의 기쁨과 영광을 위한 날이다. 유흥이 아닌 경건과 사역으로 채워야 하는 날이다. 토요일은, 주일을 준비하는 날이다. 교회 공과·암송·율동을 미리 준비하고 가방을 챙긴다. 잠도 일찍 자야 한다. 한결같이 이러한 주말을 보내왔기에 이제는 지극히 익숙한 일정이다.

그런데 아이들이 크니 교회 밖 놀거리에 눈길을 돌린다. 경험해 보지 못한 친구들의 경험담에 귀를 기울인다. 우리 가정의 주말을 지루해하며 투정을 잔뜩 늘어놓는 아이의 모습이 어느 정도 이해는 된다. 해결해 줄 수 없는 아빠인 나도 답답하다. 목회자의 주말은 그 지분이 하나님과 교회, 성도들에게 있다. 주말이 휴일이라는 개념을 잊고 산 지 오래다. 주말 앞뒤로

공휴일이 있어 '황금 연휴'라고 연신 알려주는 뉴스도 와닿지 않는다. 그러나 이제 그러려니 하는 아빠와 달리 아이들은 포기하지 않았다. 그래서 따지듯 묻는 단골 질문들이 있다.

"왜 아빠는 토요일, 일요일마다 교회 가?"
"왜 아빠는 저녁 늦게까지 교회에 있어?"

'가족 앞에서 목사는 곧 죄인'이라는 말이 있다. 그도 그럴 것이, 목사의 삶은 분주하고 복잡다단하며 불안정하다. 사역에 치여 예민함은 고정값이다. 시간도 돈도 모두 부족하다. 이러한 삶을 사명이라 우기니 가족 누구도 감히 반기를 들 수 없다. 그뿐 아니다. 가정을 포기하고 뒤로하면 교회와 성도에게 박수를 받는다. 그 인정을 훈장처럼 받들기도 한다. 그런 삶에 가족을 대책 없이 끌어들인 것이다. 그래서 사역의 연차가 더할수록 가족에게는 죄가 쌓여간다.

이따금 나도 섭섭하다. 아이의 투덜거림이 철없어 보인다. 교회와 하나님 나라만를 위해 밤낮 뛰어다니는 것은 아니다. 가족을 위해 버틸 때도 부지기수다.

"아빠가 너희를 위해 열심히, 치열하게 사는 거야."
"아빠도 많이 힘들어."
"아빠도 너희랑 놀기만 하고 싶어."

턱끝까지 차오르는 말들을, 앉혀 놓고 모두 털어놓고 싶기도 하다. 그래도 그럴 수 없으니, 답답한 심정과 말은 삼키고 또 삼킬 뿐이다. 은밀한 골방에서 주님에게 토로할 뿐이다. 내가 서운해하지 않도록, 억울해하지 않도록, 그리고 아이들은 아빠에 대한 아쉬움이 짙게 남지 않도록.

기도를 하면 꽉 막혔던 내 마음에 감미로운 여백이 생긴다. 숨 가쁜 하루를 지낸 내가 아닌, 아빠가 없던 아내와 아이들의 하루가 보인다. 아이들은 엄마 한 명의 손길을 나누며 언제 올지 모르는 아빠만 목빠지게 기다렸을 것이다. 유치원에 가져갈 자랑거리가 없어 고민하고 있었을 것이다. 아내는 바깥 외출 한번 편히 못한 채 홀로 처절하게, 눈물을 삼키며 전쟁을 치렀을 것이다.

부모가 되면 가정과 직장이라는 두 마리 토끼를 쫓아다녀야 한다. 다 잡을 능력은 나에게 없다. 그래서 그 토끼들과 동고동락하며 뛰어놀기로 결심했다. 교회와 가정을 오가며 선택과 집중을 현란하게 실천하려 했다. 가정에서는 우선 "왜 아빠는 주말에 집에 없어?", "아빠는 예배 빠지면 안 돼?"라고 취조하듯 묻는 질문에 성실히 소명했다.

"아빠는 교회와 성도님들을 섬기는 목사님이야. 예배를 드리고, 말씀을 전하고, 주일을 준비하는 것이 아빠의 미션이야."

그래도 심통이 나서 입이 빼쭉 나와있을 때는 그럴싸한 협상으로 살짝 꼬드기기도 한다.

"우리도 나중에 캠핑도 하고, 비행기도 타러 가자. 아빠가 약속할게!"

'남아일언중천금'(男兒一言重千金)이라고 했다. 그래서 입바른 약속 하나 가볍게 하지 못했다. 본래의 성향을 잠시 뒤로하고, '선공약 후실천'의 굳은 의지로 아이들에게 다짐도 했다. 기대 이상으로 아이들은 아빠의 설명에 귀를 기울였다. 오히려 순수하게 그 말을 간직했다. 아빠의 일정을 훤히 꿰며, 아쉬움이 있어도 생각을 고치려 나름 노력도 했다. 아빠가 공표한 약속을 상상하며 미리 즐기고 있었다. 소원을 알아주는 것만으로도 위로가 된 듯하다. 물론, 그 약속은 주어진 환경에서 하나씩 실천하고 있는 중이다.

그리고 '양'이 안 되면 '질'로 승부한다. 퇴근한 아빠에게는 씻고 밥 먹은 후 소파에 벌러덩 누워 TV 리모컨을 만지작거리고 싶은 욕구가 있다. 이 바닥의 암묵적인 룰이고, 뼈 빠지게 일한 자의 권리일 수 있다. 하지만 '나는 아빠다'라고 스스로를 엄격하게 정신 교육하며, 나의 욕망과 권리를 거스르려 노력한다.

일례로, 집에 들어가는 순간 스마트폰과 작별한다. 누구도 스마트폰을 이길 수 없다. 멀리 두는 것이 답이다. 혹시나 있을 급한 연락을 위해 스마트워치만 착용한다. 그리고 혼자 있어야 충전되는 성향이지만, 절대 혼자 있지 않는다. 아이들과 함께하며, 그 순간에 집중하며 최선을 다한다. 주께 하듯이, 교회에서 하듯이. 진한 스킨십을 하고 사랑을 표현한다. 주일학교에서 하는 레크레이션을 하며 몸으로 논다. 책을 읽어주며 재잘재잘 수다 삼매경에 빠진다. 늦은 밤이 다가오면 아이를 한 명씩 씻기는데, 그곳은 '금쪽이 상담소'가 된다. 방해받지 않고 둘만의 대화를 나눌 수 있어 꽤나 알차다. 평생 주말과 연휴가 없는 아빠가 할 수 있는 참회이자 정성이다.

아이는 아빠의 삶을 품을 수도 없고 이해할 수도 없다. 그래도 먼 훗날, 한 20년 후에, "아빠는 늘 바빴지만, 우리에게도 최선을 다해주셨다"는 말을 듣고 싶다. 물론 과한 바람일 수 있다. 그래도 그렇게 아빠의 삶을 알아주는 날이 온다면, 그간 흘렸던 땀과 눈물이, 사라지지 않는 자욱들이, 축축하고 꿉꿉하지 않고 보드랍게 다가올 것 같다.

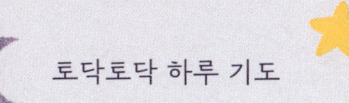 토닥토닥 하루 기도

    저와 늘 동행하시는 하나님, 가정에서 아이와 항상 함께하며 곁을 지켜주고 싶지만, 아이를 떠나 땀 흘리며 가족을 책임져야 하는 저의 형편을 다 아십니다. 각자의 사정과 사연이 있는 저와 아이에게 한량없는 은혜와 자비를 베풀어 주소서. 아이에게 빈자리를 내어줄 때마다 주님께서 그 자리를 채워주소서. 부모가 늘 필요한 아이에게 찾아가시어 공허함을 달래주시고, 안전하도록 강한 팔로 붙들어 주소서. 그래서 아이가 애정과 관심에 목말라하지 않도록 도우소서.

    아이와 함께하는 모든 시간을 놓고 성령님을 구합니다. 저에게 지치지 않는 강건함을 주시고, 짧은 순간이라도 충만한 행복을 건넬 수 있도록 풍족한 자원을 영혼에 공급하여 주소서. 무엇 하나 제대로 해내지 못하는 저에게, 부디 위로와 칭찬을 주시고, 오직 하나님만 바라며 묵묵히, 성실히 모든 것 감당하게 하소서. 감사드리며, 예수님 이름으로 기도합니다. 아멘.

DAY 6.
독립

나 혼자서도 잘 수 있어!

동물은 태어나자마자 스스로 젖도 물고 걷기도 한다. 하지만 훈련해야 한다. 젖병과 공갈 젖꼭지 떼기, 화장실에서 대소변 보기, 혼자 잠들기, 숟가락 젓가락 사용하기 등등. 부모와 아이 모두에게 험난한 과정들을 거쳐야 한다. 나 역시 안심과 탄식, 성공과 좌절, 협력과 갈등을 넘나들었기에 무엇 하나 쉬운 과정이 없었다.

둘째, 셋째 아이가 태어났을 땐 그 탄생에 환희하며 감동했지만, '언제 또 사람 만드나……'라는 막막함과 스트레스가 엄습하기도 했다. 그래도 어찌어찌, 그냥저냥, 우당탕 지나갔고, 성장 미션들을 무난하게 달성했다. 그런데 그런 우리 부부가 딱 하나 실패한 것이 있으니, 그것은 '분리 수면'이다. 독립된 공간에서 스스로 잠드는 것을 단 한 명도 성공시키지 못했다. 그 덕에 가장 고요하고 편안해야만 하는 잠자리에서 다툼이 끊이지 않았다.

"내가 엄마 옆에 잘 거야!"

경쟁에서 지는 법을 모르는 둘째 아이가 먼저 선수를 친다. 평소에는 꾹 참고 받아주는 첫째가 쌓인 것이 넘쳤는지 이번에는 지지 않고 욱하며 반격을 한다.

"왜 너만 맨날 엄마 옆에 자는 거야?! 나도 엄마 옆에 자고 싶다고!"

다행인지 불행인지 아빠 옆에 자겠다고 하는 아이는 없다. 퇴근 없이 야근 중인 엄마만 몸살이다. 노동청에 신고할 수도 없다. 이 녀석들은 악덕 고용주처럼 엄마를 고분고분하게 '칼퇴' 시켜주는 법이 없다. 끝까지 말썽을 피우며 괴롭힌다. 이렇게 우리 부부는 10년 가까이 수면이라는 기본권조차 박탈당한 채 살았다.

아이들을 '분리 수면' 할 수 있는 여건이 되지 않은 것도 있다. 작은 방 두 칸이 전부인 집에 살았는데, 한 칸은 서재로 써야 했다. 그 덕에 한 방에 모여 다닥다닥 붙어 자는 단칸방 생활을 해왔다. 갓난아기 때는 옆에 끼고 자면 귀엽기라도 했지만, 이제는 다들 제법 자라서 잠을 잘 때 사방으로 뱅글뱅글 돌고, 엎치락뒤치락하며, 별 오두방정을 다 떨며 성가시게 한다. 이 정도는 그래도 일상이고 견딜 만하다. 잠결에 잠자리에 소변을 누거나, 단체로 장염이 걸려 토를 쏟는 날이면, 겨우 잡아 놨던 이성이 풀어지면서 아이들을 침대째 밖에 내던지고 싶어진다.

2층 침대를 놓아 문제를 해결해 보려고 했다. 처음에는 2층 침대가 재밌고 신기해서, 자기 공간이 생겼다는 설렘에서 떨어져 자는 듯했다. '이제 우리 부부에게도 해방이 왔구나!' 쾌재를 불렀다. 그런데 잠시, 아니 찰나였다.

며칠이 지나자 아이들은 침대에서 또르르 굴러와 엄마 옆에 누웠다. 이제는 침대 놓은 자리를 제외한 방 한 칸에 모여 자는 웃기고 슬픈 꼴이 됐다. 2층 침대는 눈물을 머금고 반의반 값에 팔아야 했고, 아내는 빠듯한 형편에 샀던 침대라 꽤 오랜 시간 후회했다. 그저 부모와 함께 자는 아이는 정서적으로 안정적이라는 전문가의 말로 위안을 삼았다.

그런 우리 가정에 독립의 서광이 스며들었다. 어느 날 첫째 아이가 초롱초롱한 눈으로 엄마를 바라보며 당차게 말했다.

"엄마, 나 친구 교회 성경학교 다녀오면 안 돼?

거기는 교회에서 하룻밤 잠도 잔대."

딸이기도 하고, 혼자 밖으로 보내본 적이 없어서, 아내는 완강하게 거절했다.

"안돼, 너 엄마 아빠 없이 잘 수 있겠어?

한 번도 그런 적 없잖아.

아마 밤에 무섭다고 울어서 엄마 아빠가 쫓아가야 할걸?"

나도 아내의 말에 격하게 공감해 "맞아, 아빠도 밤에 운전해서 너 데리러 가기 힘들어"라고 괜히 한마디 더 거들었다. 아이는 금세 풀죽은 얼굴을 하며 고개를 떨구었다. 알고 보니, 유치원에서 친한 친구들끼리 성경학교에 가서 함께 놀고 자기로 약속했던 모양이다. 아이는 포기하지 않았다. 불굴의 의지로 엄마에게 졸라댔고, 맹랑한 태도로 자신 있게 공약했다.

"나 엄마 아빠랑 떨어져서 잘 수 있어!"

누굴 닮았는지 황소고집으로 포기하지 않았고, 결국 완강한 엄마를 설득했다. 곧 유치원 졸업이기도 하니 친구들과 즐거운 추억 하나 만들라는 의미로 허락했다. 대신에 아이가 잠결에 울면서 우리를 찾을 것을 대비하자고 했다. 깊은 밤이라도 차를 뺄 수 있는 공간에 주차도 해두었다.

그런데 아이가 성경학교에서 1박을 보낸 날, 눈을 떠보니 허망하게도 아침이 밝아 있었다. 간밤에 연락 한 통 없었다. 아이는 콧노래를 하며 아주 태연하게 집으로 왔다. "엄마 보고 싶었어"라고 말하며 울면서 달려들 줄 알고, "그래, 그럴 줄 알았다. 다음에는 가지 마"라고 다독여 주려고 했다. 하지만 아이는 의외의 모습을 보였다. 또 가고 싶단다. 얼마나 즐거웠는지 조잘거리며 에피소드를 하나씩 방출했다. 아이는 그 경험을 딛고 한 단계 성장해 버렸다. 이제 엄마 아빠와 따로 자보고 싶다는 것이다!

드디어 한 명이 독립한다는 소식에, 우리 부부는 기뻐 뛰며 태극기라도 흔들 줄 알았다. 목청껏 만세삼창이라도 부를 줄 알았다. 서로 부둥켜안고 울 줄 알았다. 그런데 아니었다. 예상치 못한, 낯설기만 한 무언가가 묵직하게 올라왔다.

'너무 서운하다.'

✽

교회에서 중년의 성도님을 만나다 보면 '빈 둥지 증후군'으로 힘겨워하는 경우를 본다. '빈 둥지 증후군'은 「심리학 용어 사전」에 의하면 "자녀가 독립하여 집을 떠난 뒤에 부모나 양육자가 경험하는 슬픔, 외로움과 상실감"을 뜻한다. 자녀를 다 키워 독립시킨 부모들이 종종 겪는 어려움이다. 품 안에 있던 자녀가 품 밖으로 나가니, 나만 찾던 녀석이 제 살길 찾아 나가니 생기는 지울 수 없는 서운함, 헛헛함의 감정이다. 지금 나는 아이들이 떨어져 각자 방으로 들어갈 날을 손꼽아 기다린다. 반면에 자녀들이 훌쩍 자라 떠나보낸 어른들은, 북적북적한 우리 가정의 모습을 보며 부러워한다. 최근 아이의 독립 선언을 들으며 부러움의 눈빛을 보낸 그분들이 곧 나의 미래라는 것을 깨달았다.

지금 우리 아이들은 부모 껌딱지다. 한 줄 기차가 되어 졸졸졸 엄마 아빠만 쫓아다닌다. 엄마 아빠가 주방에 있으면 주방으로, 화장실에 있으면 화장실 앞으로, 안방에 숨으면 숨바꼭질한다며 잔뜩 흥분해서 뛰어온다. 출근하면 아이들이 현관문을 닫아주지 않아 실랑이하기도 한다. 퇴근하면 한숨 돌릴 여유도 주지 않고 양쪽 다리에 매미처럼 매달린다. 이렇게 끈덕지고 살갑게 안기고 엉겨 붙던 아이들이, 썰물 빠지듯 한순간에 떠난다면, 허전할 것 같다.

양육의 최종 목표는 '독립'이라 누구이 다짐했다. 그런데 아이의 '독방 선언'조차 덤덤하게 받아들이지 못한 나를 보면, 아마도 아이보다 내가 더 아이의 독립을 준비하지 못했던 것 같다. 그렇다고 막을 수는 없다. 막아서도 안 된다. 하나님은 사람이 부모를 떠나는 것이 '순리'이자 '질서'라고 말씀하셨다.

이러므로 남자가 부모를 떠나 그의 아내와 합하여 둘이 한 몸을 이룰지로다(창 2:24).

이 말씀에서 무엇을 알아야 할까? 하나님은 '독립'을 통해 새로운 '연합'과 '사회'를 이루고, 새로운 '인생'을 살도록 하셨다. 양육의 목표이자 끝은 '독립'이지만, '독립'은 자녀의 새로운 인생과 시작을 낳는다. 종교개혁자 칼빈은, 만약에 자녀가 부모로부터 분리되지 않도록 조장한다면, 하나님이 기뻐하시는 결합을 방해하는 죄라고 말한다. 나에게 이 교훈은, 부모가 자녀의 독립을 서운해하며 방해하는 것은 하나님이 나의 자녀를 향해 주신 고귀한 뜻에 어깃장을 놓는 것과 다름없다는 메시지로 다가왔다.

자녀는 부모로부터 떠나야 한다. 익숙한 집으로부터 멀어져야 한다. 아브라함이 고향과 친척과 아버지의 집을 떠났듯이 말이다(창 12:1). 아이의 본격적인 인생은 부모로부터 독립된 순간부터다. 그때부터 하나님의 계획 안에서 주체성을 갖고 하나님이 지으시고 부르신 대로 그 삶을 꾸리며 살아갈 것이다. 이를 위해서 부모 역시 아이의 독립을 위해 최선을 다해야 한다. 독립을 기대하고 기뻐해야 한다.

그러니 서운해하지 말자. 불안해하지 말자. 내 서운함과 불안함 때문에 아이는 두려워 자기 인생에 한 발짝도 내딛지 못할 수 있다. 나를 벗어난 그 한 걸음을 환호하며, 축하하며, 축복해 주자. 아빠보다 훨씬 더 눈부시게 쓰임받으며, 더 근사하게 해낼 것이라는 자신감을 팍팍 불어넣어 주자.

DAY 6. 독립

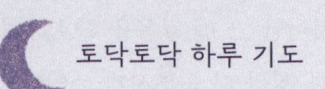

토닥토닥 하루 기도

하나님, 오늘도 주님이 주시는 지혜와 능력, 사랑으로 아이를 양육하게 하시니 감사드립니다. 하나님, 작고 연약하기만 했던 아이가, 어느덧 눈을 뜨고, 영혼의 기지개를 켜며, 또렷한 정신과 몸으로 자신의 인생을 뚜벅뚜벅 걸어가는 것을 보며 경탄합니다. 이 모든 것이 주님이 먹이시고 기르신 은혜입니다.

주님, 간구합니다. 이 아이가 하나님의 형상이요 하나님의 작품이라는 것을 인정하며 고백하게 하소서. 나의 소유물이 아니라 하나님이 지으신 독특하고 유일한, 독립된 존재라는 것을 인정하는 부모가 되게 하소서. 그래서 아이가 저에게서 온전히 독립하여 하나님이 주신 인생을 과감하게 펼치도록, 하나님 나라의 공동체를 이루도록, 돕는 부모가 되게 하소서.

보내는 부모, 떠나는 아이 모두에게 주님의 도움이 절실합니다. 때에 따라 돕는 은혜를 부어주셔서, 부모는 주님 안에서 용기와 평안을 얻고, 아이는 하나님을 향한 신뢰와 기대를 품게 하소서. 부모와 자녀 모두가 하나님이 각자에게 주신 인생을 신실하고 성숙하게 걸어가게 하소서. 믿음의 주인이신 예수 그리스도의 이름으로 기도합니다. 아멘.

DAY 7.
연단

내 아이는 뺨에 눈물이 흐르지 않았으면

유치원에서 전화가 오면 부모는 긴장한다. 무소식이 희소식인 곳이다. 연락이 오면 열의 아홉은 나쁜 소식이다. 그날 유치원에서 아내에게 불쑥 걸려온 전화도 그랬다. 아내는 목소리를 가다듬고 차분하게 전화를 받았다.

"어머니, 아이가 친구들과 조금 다투어서 오늘 많이 울었어요."

육아하는 부모는 아이에 관한 세상의 모든 흉흉한 소식을 수집하며 곱씹고, 매일 조마조마한 마음으로 산다. 작은 문제도 큰 사고로 확대해석한다. 그런 부모이기에 아이들의 작은 다툼도 심각한 문제로 다가온다. 그래서 그날 선생님의 전화는, 하얗게 부풀어져 터지기 직전인 풍선을 툭 건드리는 뾰족한 바늘 같았다.

하원 차량에서 내리는 아이의 표정이 굳어 있었다. 눈물 자욱은 채 사라지지 않았다. 평소와 다름없이 "오늘 하루 어땠어?", "친구랑 재미있게 놀았어?", "밥은 잘 먹었고?"라고 물었지만 묵묵부답이었다. 빗장으로 잠긴 문처럼, 아이의 입은 굳게 닫혀 있었다. 그래도 엄마와 손을 잡고 보폭을 맞추면서 진정이 됐는지, 오늘 일을 말해주기 시작했다. 펑펑 울면서.

"○○가 나랑 안 놀아줬어. 내가 계속 같이 놀자고 했는데도 다른 친구랑 놀았어."

지금 되돌아보면 별일도 아니었다. 친구들과 유치원 사진을 보면, 작고 예쁜, 아직은 모든 것이 서툰 아이들이다. 하지만 당시에는 차분한 생각과 대처가 어려웠다.

'혹시 왕따나 괴롭힘을 당했나?'
'친구 관계가 미숙해 혼자 겉도나?'
'유치원에 친한 친구가 하나도 없나?'

미세한 눈송이 같던 걱정이 어느새 눈덩이가 되고, 느닷없이 눈사태로 덮쳐왔다. 그때부터 아이를 지키고 싶어, 훌쩍이며 눈물 콧물 흘리기 바쁜 아이에게 꼬치꼬치 캐묻다 잔소리까지 잔뜩 늘어놓았다.

"그런 친구와는 멀리해."

"다른 친구하고 놀거나 혼자 놀아."

"너가 매달리면 친구들이 우습게 봐."

속상한 마음에 선생님에게도 화가 뻗쳤다. 그 친구가 누구이며 어떤 상황이었는지 따져 묻고 싶었다. 요즘은 자녀의 친구까지도 부모가 직접 만들어 준다고 하던데, 코웃음 치며 귓등으로도 듣지 않았던 그 말이, 그때는 솔깃하게 다가왔다. 아이를 보호하고 싶어 사사로운 일이라도 전부 개입하려 하는 나의 모습을 처음 보았다. 나도 어쩔 수 없는 그저그런 부모였다. 아이의 눈물과 상처를 직접 보니 유독 흔들렸던 것 같다.

오래전에 아이의 눈물을 빼앗아 오고 싶었던 적이 있다. 한번은 아이가 까치발로 식탁 위에 컵을 잡으려다 몸에 물을 쏟았는데, 하필 뜨거운 물이었다. 그 뜨거운 물은 아이의 약하디약한 피부를 무자비하게 파고들었다. 금이야 옥이야, 유리그릇처럼 자라 작은 흠집 하나 없었는데, 속수무책으로 열탕 화상을 입었다. 날벼락이었다.

그날, 난생처음 듣는 울음이 나의 귓가를 사정없이 때렸다. 얼마나 아팠는지, 아이는 발버둥 치며 사방을 굴렀다. 다시 꿈에라도 나올까 두려운 비명과 몸부림이었다. 아내가 울면서 아이를 부둥켜안아 보았지만, 아이의 몸을 침범한 작열감은 사그라들지 않았다. 급한 대로 옷을 벗겼고, 화상으로 붉어진 살갗에 차가운 수건을 올렸다. 그렇게 응급조치를 한 후 아이를 안은 채 근처 병원으로 달렸다. 여전히 생생하다. 달리면서 나는 이렇게 소리치고 있었다.

'하나님, 제가 대신 아프게 해주세요! 아이의 고통을 저에게 주세요!'

그 기도는 이뤄질 수 없었다. 아무것도 할 수 없었다. 그 맹렬한 진통은 오롯이 아이의 몫이었다. 아이 몸에서 일어나는 지독한 사태를 몰래 훔쳐 올 수도, 강제로 빼앗을 수도 없었다. 다행히 도착한 병원에서 치료를 받을 수 있었다. 지금은 흉도 남지 않았다. 의사 선생님은 빠르게 응급조치한 덕분이라 하셨다.

부모라면 견디기 힘들어한다. 자녀가 울거나 아파하는, 실패하고 좌절하는 그런 순간을. 자녀가 느끼는 것보다 오히려 더 크게, 더 무겁게, 더 강하게 밀어닥친다. 이런 애타는 열망을 품어보지 않는 부모는 없을 것이다.

'내 아이는 뺨에 눈물 한 방울 흘리지 않았으면.'

'몸에는 작은 흠집 하나, 아픔 하나 없었으면.'
'어딜 가든 이기고 쟁취하고 성공했으면.'
'항상 인정과 사랑만 받았으면.'

이러한 바람은 부모를 아이 인생 속으로 등 떠미다. 왜곡된 책임감으로 지나치게 개입하게 된다. 아이만의 정원에 톱을 들고 들어가 부모만의 정원을 만들려고 한다. 아이 방에 있던 아픔과 눈물을 전부 폐기하고, 성공과 승리만을 진열해 놓으려고 한다. 마치 리브가가 야곱의 인생에 잠입했듯이.

※

리브가는 유독 야곱을 사랑했다. 거칠고 남성적인 에서보다, 조용하고 가정적인 야곱에게 애정이 기운 듯하다. 에서와는 집에서도 가끔 마주치며 데면데면하게 지냈을 것이다. 야곱과는 집 안에서 다정한 대화와 추억을 쌓으며 지냈을 것이다. 그런데 에서가 형이랍시고 장남의 자리를 꿰차고 있었다. 가문의 모든 축복이 이미 에서의 것이었다. 리브가는 당연히 탐탁지 않았을 것이고, 야곱을 떠올리며 밤낮 고민에 빠졌을 것이다.

세월이 흘러 이삭에게 죽음의 기운이 드리웠다. 에서는 장자로서 아버지의 축복을 받아야 했다. 우선 이삭은 에서에게 사냥을 해 별미를 만들어 오라고 명한다. 음식을 먹은 후 축복을 마음껏 베풀려 했을 것이다. 리브가는 이 대화를 엿듣는다. 가만히 있을 보통의 엄마가 아니었다.

리브가는 야곱만 사랑할 만큼 열성 있는 엄마였다. 두 팔을 걷어붙이고, 직접 나서서 장자의 축복을 빼앗으려는, 위험하고 무모한 계획을 세운다. "큰 자가 어린 자를 섬기리라 하셨더라"(창 25:23)는 하나님의 약속이 이미 있었지만, 리브가는 그것을 잊었는지 의심했는지 오직 야곱이 장자의 축복을 받도록 하겠다는 일념뿐이었다. 그래서 야곱에게 이렇게 말한다.

그런즉 내 아들아 내 말을 따라 내가 네게 명하는 대로(창 27:8).

하나님의 약속을 받은 엄마였는데, 그의 언어에서 '하나님의 말씀'을 찾을 수 없었다. 아들의 좌절을 막고 싶어 하나님의 약속보다 엄마로서의 열심이 더 앞섰다. 그래서 엄마의 말만 따르라고 다그치며 명령했다. 염소 새끼로 별미를 만들어 주면서 아버지 이삭을 속이도록 지시했다.

야곱은 형 에서와 생김새가 달라, 아버지에게 발각돼 저주를 받을까 두려워했다. 리브가는 이러한 야곱을 다시 다그치며 "너는 내 말만 들어! 내가 시키는 대로만 해!"라고 말했다(창

27:13 참고). 결국 리브가는 야곱에게 에서의 의복을 입혔고, 손과 목에 염소 새끼의 가죽을 둘렀고, 별미와 떡을 손에 쥐여주기까지 했다. 그렇게 겁 없던 두 모자(母子)의 계략은 이삭에게 완벽히 통했고, 야곱은 장자의 축복을 쟁취했다.

리브가는 엄마로서 성공했다. 야곱도 축복을 얻었으니 이제는 두 발 뻗고 잘 수 있을 것 같았다. 하지만 그때부터 가정이 흔들렸다. 거짓을 알아챈 이삭은 충격을 받았고, 에서는 불같이 성내며 야곱을 죽이기로 결심한다. 놀란 리브가는 야곱을 외삼촌 라반의 집에 다급히 피신시킨다. 야곱은 축복을 빼앗자마자 도망자가 됐다. 가정이 한순간에 파탄 났다. 리브가가 끔찍이 애정했던 야곱의 인생도 이후에도 계속 어그러졌다. '엄마 리브가가 아들 야곱의 인생에 지나치게 간섭한 탓이 아닐까?'라고 의문하지 않을 수 없다.

'헬리콥터 부모'란, 아이의 모든 영역을 지나치게 침범하고, 그러한 성향이 교권 간섭으로 이어지는 부모를 가리킨다. 그런데 이제는 헬리콥터 부모를 넘어 '드론 부모'가 등장했다고 한다. 그 뜻은 사전에 의하면 "자녀 주변을 맴돌면서 자녀의 일이라면 극성스럽게 참견하는 부모"이며, 헬리콥터 부모와 달리 "조용히 자녀 주변을 맴돌며 자녀나 주위 사람들이 자신의 존재를 눈치 못하도록 한다"고 말한다. 헬리콥터보다 조용하지만 압도적인 기동성을 지닌 드론, 그만큼 자녀에 대한 부모의 영향력이 더 커지고 있다는 뜻이다.

요즘 눈을 의심하게 하는 기사를 종종 본다. 아이의 학교생활에 '민원'을 넣는 부모들이 대폭 늘었는데, 그 내용을 보면 혀를 내두르게 된다.

"아이가 상처받으니 받아쓰기 하지 말라."
"아이가 기분 나쁘니 틀린 답에 빗금 치지 말라."
"어려운 수학 문제는 시키지 말고 교사가 직접 풀어라."
"에어컨을 빨리 틀어줘라."
"아이가 정서적으로 힘들어하니 주의를 주지 말라."

이 중에는 부모가 교사를 아동학대로 고소한 사안까지 있다. 다행히도, 아니 당연하게도 모두 무죄 판결을 받았지만, 너무 답답하고 안타깝고, 너무 화가 난다. 그런데 이 모든 것이 내 이야기가 될 수도 있다는 잠재적 현실이 더 무섭다.

상처와 상함도, 실패와 좌절도 없는 무균실 같은 청정 세계에서 아이를 키우고 싶을 수 있다. 하지만 그런 곳은 없다. 있다 하더라도 그곳이 아이의 인생에 과연 도움이 될까? 부모의 결벽은 아이의 면역력을 떨어뜨릴 뿐이다.

「데미안」의 에밀 싱클레어의 삶이 보여주듯, 인생이라는 세계는 선과 악, 거룩과 부정, 사랑과 불화, 평화와 전쟁, 정의와

불의가 공존하고 대립한다. 이러한 충돌이 충격으로 진동하는 곳이다. 그래서 소설 속 데미안은 싱클레어에게 이러한 말을 남기기도 했다.

새는 알에서 나오려고 투쟁한다. 알은 세계이다. 태어나려는 자는 하나의 세계를 깨뜨려야 한다. 새는 신에게로 날아간다. 신의 이름은 아브락사스(헤르만 헤세, 「데미안」 中).

투쟁하고, 부딪히고, 깨뜨리고 깨지면서 알이라는 세계에서 나와야 하늘을 비상하는 새가 될 수 있다. 우리 아이도 분명 그럴 날이 올 것이다. 반대로 부모가 그 '알'을 대신 깨려 하면 어떻게 될까? 알 안에 있는 새끼가 부화하기 힘들까 봐 알을 대신 깨주면, 새로서 살아보지도, 날아보지도 못한다. 우리 아이도 그렇게 되지 않을까?

조각가가 돌을 정으로 내려찍어 그 안에 숨은 고고한 형상을 발굴하듯, 사람도 '나'라는 세계와 외부의 세계, 즉 여러 자극들이 충돌할 때 고유의 형상과 인생이 발견된다. 우리가 그토록 견디기 힘들어하는 아이의 아픔, 슬픔, 상처, 좌절, 실패도 분명 그런 역할을 할 것이다. 야곱도 엄마 리브가의 손을 떠나 온갖 아픔과 상처, 방황이라는 연단을 받으며, 끝내 하나님을 깊이 만나고 '이스라엘'이 됐듯이 말이다.

부모는 아이의 눈물을 막아줄 수 없다. 대신 좌절해 줄 수도 없다. 치아 하나가 나기 위해서, 손가락 한 마디 정도의 키가 크기 위해서 성장통을 몸소 겪어야 하듯이 말이다. 부모는 그저 아이의 눈물을 닦아주면 된다. 넘어진 아이 곁을 지키고 안아주며 위로하면 된다. 한 발자국 뒤에서 응원하고, 선하신 하나님의 인도하심을 의지하며 기도하면 된다.

이것이 자녀가 원하는 부모와의 관계이기도 하다. 부모가 자녀의 인생을 주도한다면, 부모는 두 인생을 살다가 지쳐 나자빠지고 만다. 그리고 자녀는 인생의 지분을 빼앗겨 주체성을 상실한다. 부모가 원하는 것을 이루려다, 서로 원하지 않는 삶을 사는 비극을 겪을 가능성이 크다. 반드시 기억하자. 아이가 인생에서 느끼고 겪는 모든 것들은 엄연히 아이의 것이다.

그럼에도 아이의 인생을 진두지휘하며 그의 인생을 대신 살려 한다면, 자신의 좌절을 막아주려던 아버지를 향한 '우영우 변호사'(박은빈 분)의 원망 섞인 사자후를 듣게 될 것이다.

좌절해야 한다면 저 혼자서 오롯이 좌절하고 싶습니다!
(ENA 드라마, <이상한 변호사 우영우> 中)

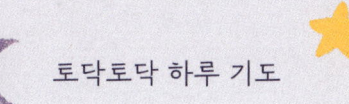 토닥토닥 하루 기도

    도우시고 인도하시는 하나님, 자녀를 양육할수록 걱정이 쌓여 갑니다. 고단한 인생과 험난한 세상 속에 있는 아이가 늘 애잔합니다. 그래서 아이를 보호하고 싶은 마음에 아이 인생을 지휘하며 대신 살려고도 했습니다. 사실 저의 욕심이었습니다. 하나님이 허락하신 아이의 인생, 모든 것이 협력하여 선을 이루실 하나님을 의지하며, 그저 응원하고, 위로하고, 동행하는 부모의 자리를 지키게 하소서. 저의 생각이 하나님의 계획보다 앞서지 않게 하시고, 저의 걱정이 아이의 주체성을 억압하지 못하게 하소서.

    고해와 같은 인생, 아이가 눈물을 흘리고 좌절과 실패를 겪는 것을 막을 수 없으나, 이 모든 연단의 과정으로 아이가 성장하게 하실 줄 믿습니다. 야곱이 이스라엘이 됐듯, 창조주이신 하나님께서 아이의 인생을 빚으며 연단하사, 어떠한 풍파 속에서도 날마다 성장하고 성숙하여 순금과 같은 믿음을 얻게 하소서. 다만, 앞으로 아이가 살아가며 힘겨워 울부짖을 때마다, 주여 저희 아이를 기억하사 눈에서 눈물을 닦아주시고, 그 눈물을 한 알의 씨앗으로 심어주사, 찾아오는 모든 역경이 탐스러운 결실로 변화하게 하소서. 우리 아이의 참목자이신 예수님 이름으로 기도합니다. 아멘.

DAY 8.
다독임

다른 친구는 동생 없어서 편하던데

전쟁 같은 토요일을 보냈다. 아내는 여느 때와 다름없이 혈혈단신으로 아이 셋을 먹이고, 입히고, 지켰다. 퇴근하자마자 바통을 이어받아 아이들과 뒹굴었다. 그렇게 격정적인 시간을 보낸 후 마지막으로 아이들을 씻겼다. 이내 거무스름한 밤이 찾아왔고, 아이들은 고사리 같은 손으로 눈을 비비고 있었다. 내 귓가에, '이제 곧 퇴근이야'라는 소리가 간드러지게 들려왔다. 종일 쌓였던 피로는 마법처럼 사라지고, 혼자만의 휴식을 어떻게 알차게 보낼지 기분 좋은 상상을 하고 있었다. 그런데 그 꿈을 산산조각 내는 우레가 천장에 울려 퍼졌다.

"엄마! 나도 안아줘, 안아주라고!"

한 녀석이 드러누워서 울며불며 소리소리를 내지르고, 다리를 바동거렸다. 다름 아닌 첫째였다. 7살 나이로 초등학교 입학을 앞두고 있었다. 첫째였고, 딸이어서 매사에 든든하고 의지가 되고 위로가 되는 아이였다. 그런 아이가, 동생들이 자려고 방으로 들어간 그때, 벌러덩 누워 생떼를 부리고 있었다. 다급하게 타협을 시도해 보았다.

"엄마는 허리가 아파. 아빠가 침대까지 안아줄게. 아니면 거실부터 비행기 태워줄게."

"싫어! 싫다고! 엄마가 안아줘!"

씨알도 먹히지 않았다. 되려 억한 감정만 부추겼다. 아내는 아이를 달래려고 안아보려 했다. 그런데 육아로 허리가 좋지 않은 상태였고, 어느새 몸집이 커진 아이를 들기에는 역부족이었다. 들었다 놓기를 반복할 뿐이었다. 이런 엄마 아빠의 사정을 알만한 녀석이 난리를 피우니 신경질이 났고, 꼴 보기 싫었다. 도저히 참지 못해, 그만 벌침처럼 따가운 말씨로 쏘아붙였다.

"야! 너가 아기니?! 동생이니? 너까지 왜 그래? 다 힘든데 꼭 이래야겠어?!"

그렇게 불난 집에 부채질, 아니 기름을 들이부었다. 참고 있던 눈물이 더 있었는지, 아이의 눈물은 홍수처럼 터져 바다를 이룰 것만 같았다. 아내는 눈물에 빠진 아이를 건져내듯 힘겹게 끌고 들어가 침대에 눕혔다. 나도 얼마나 냉정했는지, 돌아보지도 않고 화를 식힐 겸 씻으러 갔다.

그렇게 씻고 나왔는데도 아이는 엄마 옆에서 계속 흐느끼며 울고 있었다. 아내는 아이를 깊숙이 안으며 등을 잔잔히 토닥여 줬다. 한강 작가의 시처럼, "왜 그래, 가 아니라 괜찮아. 이제 괜찮아" 하면서.

미안함과 후회가 밀려왔다. 아내에게 들었다. 첫째 아이가 오늘 종일 첫째 노릇 하느라 맘고생이 심했다고. 동생들은 제멋대로지, 아빠는 없지, 엄마는 막내만 쫓아다니지, 엄마는 자기에게 관심을 주는 대신 의지만 하지, 동생 돌보랴 엄마 눈치 보랴, 일곱 살 아이가 담아내기에는 버거운 하루였다. 아직은 사랑받고 주목받고 싶고, 투정 부리며 고집 피우고 싶은 아이였다.

우리 집 첫째는 전형적인 K-장녀다. 엄마 아빠로부터 역할이 주어질 때마다 곧잘 해낸다. 규칙을 중시하고, 바른 생활을 준수한다. 동생 돌보기와 부모의 기분을 살피는 책임을 자연스럽게 체득했다. 동생들 사이에 있을 땐 양보는 필수 옵션, 고정값이다.

그렇다 보니 자연스럽게 첫째 아이를 많이 의지한다. 그것이 아이에게 꼭 좋은 것만은 아니었다. 심부름도 자주 하고, 첫째라는 이유로 엄격하게 혼도 난다. 아이에게 고마워하다가도 어느새 당연하게 요구만 한다. 점점 아이 어깨 위에 무거운 짐이 하나씩 쌓였을 것이다. 「첫째 딸로 태어나고 싶지는 않았지만」(갈매나무)의 한 토막의 글로 첫째의 심경을 헤아려 본다.

아이에게 애정은 케이크처럼 느껴진다. 누군가 한 조각을 가져가면 그만큼 자기 몫이 줄어드는 것이다. 동생이라는 훼방꾼은 전혀 마음에 들지 않는다. 당신 몫으로 주어지는 시간은 충분하지 못하다. 부모는 당신에게 보여야 마땅할 애정을 동생에게 쏟고 있다. 둘째가 태어난 후 첫째에게 조금 더 애정을 주어야 한다는 점을 깨닫고 부모가 노력한다 해도 맏이의 우울한 상황은 좀체 바뀌지 않는다.

아이가 케이크와 같은 부모의 사랑을 조각내어 동생들에게 나누어 주고 있었다. 때로는 몽땅 빼앗기기도 했을 것이다. 그래서 오늘 걷잡을 수 없는 화산처럼 폭발했던 것 같다.

※

'애어른.'

내가 어릴 때 지겹도록 듣던 말이다. 녹록지 못한 집안 형편,

게다가 첫째인 탓에 일찍 철이 들었는지, 어린이답지 않은 말과 행동을 했다. 눈치도 빨랐고, 책임감에 쓸데없는 부담도 스스로 떠안았다. 부모님이 바쁘시니 동생 챙기기, 밥 먹기, 숙제하기 등등, 무엇이든 혼자 해결하고 혼자 해내려고 했던 기억도 많다.

이러한 나의 모습에 주변 어른들은 놀라워하고 기특해하며 '애어른'이라고 칭찬해 주셨다. 그때는 그 칭찬에 뿌듯했다. 지금 곱씹어 보면 그다지 달갑지 않은 말이었다. 아이는 아이다울 때 가장 아름답고 건강한 것이다.

그런데 첫째 아들로 자란 아빠의 삶을, 첫째인 딸아이가 반복하고 있었다. 그런 내가, 그런 아이를 감싸지 못했다. 아내의 품 안으로 흘러든 아이의 눈물은, 다정한 다독임으로 점점 마르고 있었다. 잠시 후 아이는 어디가 불편한지 눈물을 마저 닦으며 거실로 나왔다. 이유를 알고 있었기에 물어보았다.

"코가 막혔니?"

"응…."

"아빠가 풀어줄까?"

"응…."

평소라면 혼자 하라 했겠지만, 그때만큼은 동생들처럼 도와줬다. 다행히 싫지 않은지 아빠의 손길을 받아줬다. 그리고 다시 감정과 생각을 정돈해 이렇게 물었다.

"오늘 동생들 돌보느라 많이 힘들었구나? 너도 엄마랑 있고 싶었을 텐데…그렇지?"

"응 맞아. 왜 나는 동생이 이렇게 많아? 유치원에는 동생 없는 친구들도 많이 있던데. 있더라도 한 명뿐이던데."

아빠에게 푸념하고는, 답답한 코와 마음이 해소됐는지 침대로 들어가, 모처럼 엄마 곁에서 갓난아기처럼 새근새근 잠이 들었다. 표현을 안 했을 뿐, 참고 또 참았을 뿐, 이다지 작고 어린 아이는 이렇게 소리치고 있지 않았을까.

"정말, 나는 왜 동생이 두 명이나 있을까? 동생들 때문에 엄마도 뺏기고, 내 물건도 간식도 뺏기고, 내 그림하고 만들기는 다 망가지고, 보고 싶은 만화도 못 보고, 힘들다 힘들어. 나도 엄마한테 안기고 싶다. 칭찬받고 주목받고 예쁨받고 싶다. 동생들 때문에 엄마한테 그만 혼나고 싶다. 다른 친구는 동생 없어서 편하던데. 정말 나 혼자가 되고 싶다!"

아이를 짓이기고, 짓누르고, 짓뚜드리는 괴로움이 있었을 것이다. 그것을 경험한 내가, 잔잔하게 토닥였어야 했다. 나도 받고 싶었던 "괜찮아, 다 괜찮아, 너의 잘못이 아니야, 너는 아이다워야 한단다"라는 그 다독임이 왜 그리 어려울까? 그 말 한마디였으면, 오늘 우리의 감정은 폭풍이 아니라 호수를 이루었을 텐데. 반대로 "왜 그래?"라는 말은 왜 그리도 쉬웠을까? 어른이 아이한테 꼭 그렇게 따져서 이겨야 속이 후련했을까?

어른이 되면 이전에 아쉬웠던 것들이 이해가 되고, 동의가 되기도 한다. '나는 어른이 되면 절대 그러지 않을 거야!'라며 뻗댔지만, 이제는 '어른들이 왜 그랬는지 알겠어'라며 고개를 끄덕이는 것이다. 하지만 그러면 새로운 희망을 바랄 수 없다. 더 나아질 수가 없다. 육아도 그렇다. 어릴 때 듣고 싶던 말, 따뜻하게 받아주길 바랐던 행동을 떠올리자. 그래서 보다 나은 아빠, 보다 나은 어른으로 바뀌어야 한다. 그렇지 않으면 나처럼 똑같은 상처를 인생에 지니고 산다.

부모는 자녀에게 평생 부모이고, 자녀는 부모에게 평생 자녀다. 부모는 자녀가 징그러운 어른이 돼도 여전히 '아이'로 본다. 자녀는 희끗희끗한 흰머리와 자글자글한 주름이 생기는 중년이 돼도, 부모의 서늘했던 그늘을 추억하며 눈물 흘린다.

첫째 아이도, 그저 나에게 '맏이'가 아닌 '아이'이고 싶을 것이다. 그래서 "왜 그래?"라는 추궁과 "당연한 거야!"라는 외면으로, 아이에게 어울리지 않은 짐과 상처를 주지 말아야 한다. "괜찮아", "너도 아직 어려", "너의 책임이 아니야", "너는 하나뿐인, 사랑스러운 딸이야"라는 나지막한 다독임으로, 맏이가 아닌 딸 아이로 자랄 수 있도록 노력해야 한다.

🌙 토닥토닥 하루 기도

 은혜로우신 하나님, 바다의 모래와 같이, 하늘의 별과 같이, 무수히 많은 이들 중, 저를 지명하시고 자녀로 택해주셔서 감사합니다. 제가 하나님을 '나의 하나님'이라 부르며 찬송하게 하시니 이 또한 감사합니다. 저에게 하나님의 사랑을 독차지하게 하셨고, 저를 하나님의 특별하고 존귀한 존재로 삼아주셨습니다. 하나님, 저도 아이를 하나님처럼 한없이 사랑하기를 소망합니다.

 혹여나 저의 무능함이나 환경의 어려움으로 아이가 여러 부담과 의무를 지고 있다면, 하나님의 사랑과 평강을 아이에게 베풀어 주소서. 아이가 하나님과 부모의 사랑을 빠짐없이, 온전하게 받고 누리게 하소서. 부모인 저를 깨우사 아이를 다독이며, 아이다운 모습으로 자라갈 수 있도록 노력하게 하소서. 제가 그토록 듣고 싶었던, 그 사랑의 언어를 자녀에게 베풀 수 있는 여유를 주시고, 아이의 자리를 지킬 수 있도록 부모의 역할을 충실히 하게 하소서. 모든 것을 주님께 의지합니다. 우리 구주 예수님 이름으로 기도합니다. 아멘.

DAY 9.
관계

아빠처럼 되고 싶어!

잠자리에서 아이에게 이야기를 많이 들려준다. 주일학교 설교를 오랫동안 해왔으니 별로 어렵지 않다. 원고 없이도 15분, 30분은 거뜬히 채울 수 있다. 장르도 다양하다. 성경, 소설, 동화 등등. 가끔은 창작한 이야기도 들려주는데, 반응이 아주 뜨겁다. 아이가 잠들지 않고 "또! 또!"를 외치며 들려달라고 조를 때면 후회막심하지만, 설교자로서의 은사와 능력을 뽐낸 것 같아 흐뭇하다.

아이가 가장 애청하는 주제가 있다. 다름 아닌 나와 아내의 첫 만남 에피소드다. "엄마 아빠는 어떻게 처음 만났어? 어땠어?"라는 이 질문을 지겹도록 하고 또 한다. 매번 처음 묻고 듣는 것처럼 호기심 어린 눈빛이다. 보지 못한 엄마와 아빠의 과거가 궁금해서일까? 이 가족이 만들어진 역사의 서막이 궁금해서일까? 아이가 열광하니 고객 만족을 위해 계속해서 들려준다.

"엄마랑 아빠는 소개를 받아 만났어. 처음 만난 곳은 지하철역이었고."

그럼 아이는 짜인 각본처럼 이 질문으로 꼭 치고 들어온다. 도대체 이런 표현은 어디서 듣고 배워 오는 걸까? 신기할 따름이다.

"엄마 아빠는 서로 첫눈에 반했어?"

'대문자 T' 성향 탓일까. 조금의 꾸밈 없이 팩트만 정확히 얘기했다.

"아니, 엄마하고 아빠는 첫눈에 반하지는 않았고, 서서히 사랑했어."

아이는 고기를 휙 돌리며 엄마에게 묻는다.

"그럼 엄마는 아빠 어디가 좋았어?"

"엄마는 아빠가 신앙 좋고, 책임감도 있고 매사에 성실해서 너무 좋았어."

"아하 그렇구나! 우리 아빠 너무 좋지!"

"그니깐 얘야, 너도 아빠 같은 남자 만나렴. 꼭이야. 그럼 엄마는 바랄 거 없단다."

"응! 난 아빠 같은 사람이랑 결혼할 거야!"

꽉 찬 만족을 주는 대답이다. "엄마가 좋아? 아빠가 좋아?"라는 세기의 자존심 대결에서, "아빠가 좋아!"라는 대답을 들은 것만큼이나. 내가 아내에게 괜찮은 남편이라는 뜻이고, 딸 눈에도 아빠가 좋은 사람으로 비추어진다는 뜻이다. 아내는 남편 기를 살려주려고, 딸은 분위기를 살리려고 했던 '립 서비스'일 수도 있었지만, 사실과 상관없이 이미 도파민이 솟구쳤다. 그래서 내가 아이에게 듣고 또 들어도 물리지 않는 말이 있다. 아빠의 자존감을 상승시키는 버튼이다.

"아빠처럼 되고 싶어!"

이 대답의 응용편도 있다. 가끔 아빠로서 나름 멋진 모습을 보여주며 자극하고 도전한다. 그럼 아이는 어김없이 내가 기다리는 반응을 보여준다.

"나도 아빠처럼 피아노 열심히 해서 멋지게 연주할 거야!"

"나도 아빠처럼 책 많이 읽어서 작가가 될 거야!"

"나도 아빠처럼 착한 사람이 될 거야!"

우리 집에는 세 명의 아이가 여섯 개의 눈으로 나를 뚫어져라 감시한다. 그래서 집에서도 언행을 단정하게 하려고 애쓴다. 누워서 핸드폰이나 TV를 보지 않고, 간단한 게임조차 얼씬도 안 한다. 간혹 핸드폰을 보면, "아빠가 웬일로 핸드폰을 보고 있네?"라고 말할 정도다. 왜 나는 '아빠 같은', '아빠처럼'이라는 말을 듣고 싶어 할까. 왜 그렇게 집에서도 꼿꼿한 군대 조교처럼 각을 잡고 있을까? 모범 아빠로 인정받고 싶어서일까? 아이 교육 때문일까? 그런 까닭도 있지만, 진짜는 따로 있다.

나는 그렇게 생각한다. 누군가를 닮고 싶고 따라 하고 싶다는 것은, 계속 보고 싶고, 언제나 추억하고 싶다는 의미다. "아빠 같은 사람이랑 결혼할 거야"라는 말은, '아빠는 계속 보고 싶고 곁에 있고 싶은 사람이야'라는 고백으로 다가왔다. "아빠처럼 되고 싶어"라는 아이의 한마디는, '아빠를 떠올리며 닮아 갈 거야'라는 약속으로 들려왔다.

숱한 만남이 스치는 인생길에서, 아이가 아빠를 떠올리며 나란히 걷고자 한다면, 아빠에게 이보다 더 큰 성공과 행복이 어디 있을까? 반대로 세월이 지나 혹여나 실망과 상처를 겪어, "아빠 같은 사람 정말 싫어!", "나는 아빠처럼 살지 않을 거야!"라고 할까 겁난다. 아빠를 보고 싶지 않고, 아빠와 함께하고 싶지 않다는 뜻이니깐.

※

사울의 아들 요나단은 아빠처럼 살고 싶지 않았을 것 같다. 아빠와 옷깃도 스치고 싶지 않았을 것 같다. 그는 용맹했고 전투에도 능한 자였다. 하나님을 경외하는 신앙이 있었다. 백성들에게는 덕망도 높았다. 그가 실수로 왕의 명령을 어겨 죽을 위기에 놓였을 때도, 그를 살린 것도 백성들의 탄원이었다.

요나단은 사랑도 많았다. 평범한 소년 다윗을 생명처럼 사랑했고, 그와 허물없이 지냈다. 사울로부터 다윗을 지키기 위해 죽음도 마다하지 않았다. 다윗에게 군복, 칼, 활을 줄 만큼 헌신적이었고, 다윗을 하나님이 택하신 자라고 인정할 만큼 겸손했다. 그렇게 그는 하나님과 사람, 나라와 민족을 소중히 여기는 고귀한 자였다.

그런 그에게 아버지 사울의 존재는 유일한 흠이었다. 처음에는 사울도 자랑스러운 아버지였다. 기름 부음을 받은 이스라엘의 초대 왕이었고, 이방 민족을 격파하며 민족을 수호하던 용맹한 왕이었다. 그런 '하늘 같은 아빠'가 무너지고 말았다. 하나님 말씀에 불순종했고, 죄 없는 다윗을 죽이고자 쫓아다녔다. 아들인 자신에게는 단창까지 던지며 폭력을 저질렀다.

아들에게 비수를 꽂고 비통만 안기는 아빠였다. 요나단은 아빠 사울을 어떻게 생각했을까? 미워하며 원망하지 않았을까? 사랑하는 친구에게조차도 자랑할 수도 없는 부끄러운 아빠이지 않았을까? 온전한 부자 관계가 불가능했다. 인생의 가장 큰 복을 상실한 것이다. 어쩌면 그의 내면에는 이러한 결의가 있지 않았을까?

'나는 절대 아빠 사울처럼 살지 않을 것이다!'

※

가족은 얼굴과 얼굴을 가장 많이 맞대는 관계다. 눈은 최고의 학습 기관이다. 음식이 식도를 타고 장기로 내려가듯이, 눈에 보이는 것은 영혼에 저장되며 학습된다. 그래서 자녀는 엄마와 아빠의 인상을 닮아갈 수밖에 없다. 행동이 비슷해지는 것이다.

교회에서 주일학교를 하다 보면 아이에게서 부모의 형상이 겹쳐 보인다. 누가 알려주지 않아도 아이의 부모를 맞추기도 한다. 비단 얼굴뿐일까. 삶의 궤적도 따라간다. 부모의 삶을 가장 가까이서 오랫동안 보기에, 이 현실에서 반발하며 도망가기란 여간 힘든 것이 아니다.

그런데 만약 부모를 원망하고 미워하고 있다면, 부모를 빼닮은 자신의 모습에 경악한다. 상처가 비극으로 번진다. 부모와 똑같다는 주변의 말에 치를 떨며 혐오한다. 욕처럼 들리기 때문이다. 이러한 사람은 "부모 같은 사람이 되지 않을 거야!", "부모 같은 사람을 만나지 않을 거야!"라는 악에 받친 말을 달고 살 것이다.

부모와 관계가 좋으면, 부모를 빼다 박은 자신을 유쾌하게,

자랑스럽게 받아들인다. 부모의 발자취를 자진해서 따른다. 내면이 건강하고 풍요롭다. 인생이 고단할 때면 부모와 함께했던 눈부신 나날을 추억하며 힘을 얻는다. 축복받은 자다. 아빠로서 아이들에게 이런 선물을 안겨주고 싶다.

내가 경험한 바로는 사람·세상과 관계를 겁내지 않고 원만하게 풀어가는 자는, 대개 아빠와의 관계가 두텁고 친밀하다. 왜 그럴까 생각해 봤다. '선천의 영역'인 엄마와의 관계와 달리 아빠와의 관계는 '학습의 영역'이기 때문이 아닐까?

아이들은 태어나자마자 본능적으로 엄마를 찾지만, 아빠는 완전한 타자에 불과하다. 그런 아빠와 더불어 살며 나직한 사랑을 듣고, 보드라운 돌봄을 받고, 향긋한 감정을 느끼고, 살가운 사이가 된다면, 관계가 얼기설기 얽혀 있는 세상 앞에서 작아지지 않는다. 험준한 산과 같은 아빠와 이미 친구가 돼보았으니 말이다.

그러고 보니, "아빠 같은 사람이랑 결혼할래!"라고 외칠 때, 아빠와의 관계를 즐거워하는 마음과 새로운 관계를 꿈꾸고 있는 아이를 발견한다. 만약 나와 아이가 사이가 벌어졌다면, 아이는 아빠뿐 아니라 앞으로 만나는 모든 인연을 멀리하고 싶지 않았을까? 아이와 나 사이에는 추억, 관계, 미래라는 인생에 행복을 결정짓는 중요한 가치들이 달려있다.

아이와의 관계를 '부담'이 아닌 '사명'으로 생각해 본다. 아이가 아빠를 즐거워하도록 친근하게 다가가고, 아빠를 닮고 싶도록 바르고 건강하게 선한 영향력을 흩날리며 살아야겠다. 그래서 항상 보고 싶고 그리운 아빠가 되고 싶다. 무엇보다도, 아이가 아빠를 단숨에 뛰어넘어 사람과 사람이 만나는 세상으로 당차게 행진했으면 좋겠다. 그럼 나도 아이도 서로 행복할 것이다.

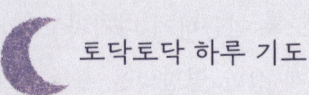# 토닥토닥 하루 기도

　나의 힘이 되시는 하나님, 하늘에 계신 하나님이 친히 저의 아버지가 되어주셨습니다. 아버지로서 관계를 맺어주시고, 선한 돌봄과 인도로 동행해 주셨습니다. 그래서 곤고했던 영혼에 윤기가 나고 생명이 차올랐습니다.

　하나님, 당신 안에서 누리고 있는 관계의 축복과 풍요가, 저와 저의 자녀에게도 강물처럼 흘러가게 하소서. 아이에게 선한 영향력을 끼치며, 건강한 삶과 친밀한 관계를 선물하는 제가 되게 하소서. 예수님처럼 자녀에게 본이 되어주며, 삶으로 올바른 방향을 가리키게 하소서. 또한, 아이가 저와의 관계 안에서 하나님과 세상, 수많은 만남을 기대하며 기다리게 하소서. 부모 너머에 있는 세상과 수많은 만남을 당차게 마주하게 하소서.

　아이가 저와 함께할 때 누구도 줄 수 없는 천국의 평안과 희락을 맛보게 하소서. 아이가 그리워하며 추억하는 부모가 되게 하소서. 저와 아이가 하나님이 맺어 주신 관계 안에서 행복을 누리게 하시고, 동행하는 이 인생을 즐거워하게 하소서. 우리를 위해 이 땅에 오신 그리스도 이름으로 기도합니다. 아멘.

DAY 10.
소중함

꿈에서도 잃고 싶지 않아!

아이들을 잃어버리는 꿈을, 아니 끔찍한 악몽을 꾸었다. 어찌나 생생하던지 꿈과 현실을 분간하지 못했다. 꿈속에서 나는 아이들을 찾으려고 정처 없이 달리며 헤맸다. 찾을 수도, 닿을 수도 없어 세 아이의 이름 하나씩 목이 터지라 불러보았지만, 소용없었다. 그곳에서 나는 철저히 무력했고 무능했다. 짙고 깊은 바닷속에서 발버둥 치는 것 같았다. 심장과 호흡이 멎어 죽을 것 같았다. 아이를 영영 만날 수 없다는 절망과 참담함이 잔인한 현실처럼 나를 옥죄었다.

안간힘으로 버둥거리며 겨우 꿈에서 깼다. 여전히 나는 흐느끼고 있었다. 안심할 수 없어서인지 좀처럼 진정되지 않았다. 혼란스러운 정신을 겨우 붙잡고 아이들의 방으로 급히 달려갔다. 침침한 눈을 부릅뜨며 아이들 모두 있는지 세어보았다.

'한 명, 두 명, 세 명.'

세 명 모두 보였다. 그래도 믿을 수 없었다. 악몽의 여파가 몸과 정신을 격렬하게 흔들고 있었다. 지금 내가 보고 있는 현실이, 꿈일 수도 있다는 위협감이 계속됐다. 재차 볼을 꼬집고 눈을 억세게 문지른 후 다시 천천히 헤아려 본다.

'한 명, 두 명, 세 명.'

그제서야 잔뜩 움츠렸던 몸이 사르르 풀렸다. 술렁대던 마음도 잠잠해졌다. "꿈이었구나, 다행이야, 정말 다행이다"라고 안 하던 혼잣말도 하면서. 그날 밤 나 홀로 스릴러, 미스터리, 서스펜스, 공포 영화를 찍은 듯했다.

비슷한 사건이 실제로 있었다. 누군가는 사소한 해프닝으로 취급하며 유난하다 할 수 있지만, 우리 가정에는 지금까지도 트라우마로 남아있다. 주일이었다. 항상 그렇듯 아내는 남편 없는 긴장 속에서 세 아이를 '독박 육아' 하고 있었다. 단단한 집도 감당할 수 없는 아이들의 에너지 때문에 할 수 없이 교회를 일찍 가기로 결심했다.

아내는 아이들을 씻기고 옷을 입혔다. 가냘픈 여인이었던 아내는 이제 세 아이의 사령관이 되어 호령하며 일사불란하게 준비를 시켰다. 신발까지 전부 신긴 후 현관에 세워두었다. 아이들은 집 밖에 나가는 순간 들뜬 강아지가 된다. 그새를 못 참고 슬금슬금 엘리베이터 앞까지 걸어갔다. 정작 자신은 하나도 준비하지 못한 아내는, 다 포기하고 필요한 물건 몇 개만 빠르게 챙기고 있었다. 그런데 그때 아이들의 비명이 들렸다.

"엄마! 하율이가 엘리베이터 타고 내려갔어!"

첫째와 둘째가 엄마 나오면 탄다고 엘리베이터를 눌러놨다. 바쁜 엄마를 돕고 칭찬도 받으려고 나름 머리를 쓴 것이다. 엘리베이터는 도착했고 엄마는 아직 오지 않아 당연히 타지 않고 기다렸다. 하지만 막내는 이 틈새에 엘리베이터로 돌진했고, 어린 자매가 대처할 새도 없이 엘리베이터 문이 닫혀버린 것이다. 첫째와 둘째는 너무 놀란 나머지 어쩔 줄 몰라 했고, 소리를 치며 엄마를 찾았다.

아내는 황급히 달려 나왔다. 속절없이 내려가는 엘리베이터를 보면서 놀랄 틈도 없이 무작정 뛰어 내려갔다. 아이 셋을 낳고 안으며 수년을 지새운 덕에 무릎이 망가졌는데도, 아이를 잃어버릴 수 있다는 공포가 그 통증을 집어삼켰다. 그렇게 10

층에서부터 그 가파른 계단을 정신없이 내려갔다.

먼저 1층에 도착한 엘리베이터는, 아이가 다른 층 버튼을 눌렀는지, 다른 층에서 탑승 버튼을 눌렀는지, 다시 올라가기 시작했다. 아내는 계기판을 보고는 숨도 고르지 못하고 무작정 뛰어 올라갔다. 다행히 우리 집 층수에서 엘리베이터가 멈추었고, 첫째 아이가 막내를 끌어당겨 붙잡으며 긴박한 상황은 종료됐다. 아내가 도착하자 아이들이 놀라 울고 있었다. 막내만 영문도 모른 채 해맑았다. 아내는 첫째와 둘째부터 달래줬다. 정작 울고 싶은 건 누구보다 자신이었을 텐데.

※

TV나 뉴스를 보면, 실종 아동 부모들은 자녀와 함께 자신의 인생도 잃어버린다. 자녀를 잊지 못한 채 모든 것을 집어던지고, 마르지 않는 눈물만 닦으며 자녀를 찾아 평생을 헤맨다. 그 삶은 자녀를 찾을 때까지 끝나지 않을 것처럼 보였다. 아이를 낳고 키워보니, 만약 나에게 그런 재앙이 찾아온다면, 나도 다른 선택이 없을 것 같다.

<님아, 그 강을 건너지 마오>(2014)는 76년을 함께 살다 죽음의 강 앞에 서있는 한 노부부의 이야기를 그린 영화다. 시들지 않은 화사한 사랑에 샘이 났지만, 그 안에도 가시 돋친 상처가

있었다. 열두 명의 자녀를 낳아 이런저런 사연으로 여섯 명을 먼저 떠나보낸 것이다. 세찬 세월에도 그 상처는 결코 무뎌지지 않았다. 노부부의 마음에는 여섯 명의 자녀가 고이고이 살아있었다. 그래서 할머니는 죽음이라는 이별의 강을 건널 채비를 하며, 먼저 떠나보낸 아이들의 내복을 샀다. 아들 내복 하나, 딸 내복 다섯 개를. 봄가을에 품 넉넉하고 따뜻하게 입으라고. 그리고 할머니는 이렇게 말한다.

한 번도 잊지 않고 생각했어요……. 할아버지가 먼저 가든지 내가 먼저 가든지 가면, 아버지 만나러 오면 입히려고. 그러니깐 오거든 입혀요. 응? 애미가 사주더라고 하면서.

나는 아이를 잃어버린 허상의 악몽조차 감당할 수 없었다. 아내는 아이를 놓친 1분도 채 안 되는 순간 경악하며 몸을 던졌다. 나와 아내를 스친 칼날같이 날카로운 그 고통을, 자녀를 잃은 부모는 평생 안고 사는 것이다. 12명의 아이가 있어도 단 한 명을 잊지 못한 채, 내복 한 번 못 입힌 것조차 잊지 못한 채.

우리 부부에게는 각자 소중한 것이 많았다. 매사에 나 자신이 누구보다 중요했다. 갖고 싶은 것도, 이루고 싶은 미래도 있었다. 그런데 이제는 내 몸 안에, 내 품 안에 있던 자녀라는 존재가 가장 귀하다. 꿈에서라도 잃고 싶지 않다. 잠시도 놓치고 싶지 않다. 내 아이가 있는 곳이라면 활활 타오르는 화염이라도 달려들 것이다. 사나운 이빨을 드러내는 풍랑이라도 뛰어들 것이다.

부모만 가질 수 있는 이 가슴 저미는 본성이 나에게 언제 어디에서 온 것일까. 배우려 하지 않았다. 구하지도 않았다. 자녀를 주신 하나님이 부모인 나에게 이 '소중함'을 어느새 심어 놓으셨다. 하나님이 주신 기업이자 열매인 자녀, 고이고이 잘 키우고 지키라고. '네 몸과 같이'가 아니라 '네 몸보다 더' 귀하게 여기라고.

그래서 부모는 평생을 먹고 싶고 갖고 싶고 이루고 싶은 모든 것을 기꺼이 포기한다. 내 몸 아픈 건 다 참고 견딜 수 있지만, 자녀에게는 가벼운 감기도 용납할 수 없다. 자녀를 위해 모든 것을 잃을 준비는 되어있지만, 자녀와는 잠시의 헤어짐도 불가능하다. 그만큼 자녀는 나에게 가장 보배로운 존재다. 그리고 오늘 이 '소중함'을 통해 평범한 청년이었던 나와 아내에게서 '부모다움'을 비로소 발견한다.

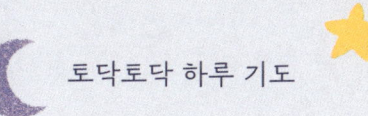 토닥토닥 하루 기도

　하나님 아버지, 오늘도 부모의 사명과 자리를 지키게 하시니 감사합니다. 혼자이던 저에게 배우자를 허락하시고, 둘뿐이었던 저희에게 하나님의 형상을 닮은 어여쁜 아이를 선물로 주셔서 감사합니다. 하나님, 부모가 되니 나보다 자녀를 더욱 소중하게 여기게 됩니다. 하나님이 하나님의 기업이자 상급인 아이를 보호하고자 허락하신 귀한 마음입니다. 이 마음 변치 않도록 도우시고, 아이를 언제나 보배롭고 존귀하게 여기도록 은혜를 주소서.
　아이를 주님에게 맡깁니다. 아이를 지키고자 하는 마음과 달리 능력과 사랑이 빈곤할 때가 많습니다. 모든 순간을 살펴주시고, 능력으로 안전하게 보호하여 주소서. 저의 시선을 벗어나도 하나님이 바라보아 주시고, 저의 손을 놓치더라도 하나님의 사랑의 손으로 이끌어 주소서. 우리와 항상 동행하시는 예수님 이름으로 기도합니다. 아멘.

2부

자녀에게 보내는 일곱 가지 축복

DAY 11.
사명자

천국을 들썩이는 아름다운 발

결혼 전 유치부 사역을 잠시 했었다. 4-6세 아이들이 모였다. 그때 내가 도무지 이해할 수 없는 광경이 있었다. 아이들은 '걷는 법'을 몰랐다. 주구장창 뛰었다. '힘세고 오래가는 건전지'마냥 지치지 않았다. "앉아 있어라", "걸어 다녀라", "그러다 다친다"는 말을 신물 나게 했다. 그러나 아이들에겐 허공의 메아리였다. 정신없이 뛰어다니는 그들과 함께 있으면 혼이 쏙 빠져나갔다.

그래도 그때는 일주일에 한 번만 경험하면 됐다. 이제는 세 아이의 아빠로 그 난장판을 매일 목격한다. 첫째는 8살, 둘째는 6살, 막내는 4살. 집이 무너질 것같이 뛴다. 아래층 이웃을 만나면 "안녕하세요"라는 인사 대신 "죄송합니다"라는 말로 정중히 조아린다. 우리 가정은 그분에게 이웃이 아니라 대역 죄인이다. 그런데 나도 넋두리하고 싶다. 힘들다고. 지친다고. 집에 오면 철저히 무기력하고 외롭게 있고 싶다고. 그런데 아이들은 내 맘을 모르는지, 모르는 척하는 건지 오늘도 달린다. 내일이 없는 것처럼.

'다다다...다다다...다다..다다.'
"뛰지 마!! 밑에 층에서 무서운 아저씨가 올라온다!"
(더 신나 함성을 지르며) '다다다다다다다.'
"아빠가 '이놈' 할까?!"
(소파 위로 올라 점프하며) "와 신난다!"

우리 집 일상이다. 통제 불능한 광경에 화가 떠서 잔소리를 폭격하며 아이들을 방으로 몰아넣어도 본다. 그렇다고 그들이 백기를 들지는 않는다. 문을 빠끔히 열어보고, 동태를 살핀 후, 조용하다 싶으면 까르르 웃으며 다시 나와 '다다다다다다다.'

그러다가도 '국방부 시계가 가듯' 아이들도 반드시 잠이 든다. 참 신기하다. 아이들이 곤히 잠들면 천사 같다. 새근새근 잠자는 모습을 보면 그제야 사랑스럽고, 잠시 잊고 있던 부성

애를 주섬주섬 찾게 된다.

나에게 버릇 하나가 있다. 아이들이 잠을 자면 곰살궂게 아이들의 발을 주물러 준다. 키 쑥쑥 커라고 내슬안, 외슬안, 족삼리, 위중혈, 용천혈도 엄지손가락으로 정성스럽게 눌러준다. 보드라운 발을 만지면 아이들도 잠을 잘 자거니와 나도 기분이 좋다. 그렇게 종일 뛰어다니느라 고단했을 아이들의 발과 지칠 대로 지친 나의 심신을 달랜다.

아버지의 발은 참 못생겼었다. 굳은살과 각질이 더께처럼 쌓여있었다. 왜 저리도 지저분하실까, 이해가 안 됐다. 이따금 식초에 발을 담가 거센 솔로 박박 문지르셨다. 돌이켜보니 위험한 민간요법이었다. 나도 나이가 들고, 처자식을 챙기다 보니, 발 곳곳에 굳은살이 박이고 뒤꿈치가 바짝 말라 갈라진다. 발을 보며 나도 나이가 들어가는구나 싶다.

발은 인생과 신체의 모든 무게를 고스란히 받는다. 인류를 붙잡는 거대한 중력, 날이 갈수록 느는 육신의 무게, 사방에서 침공하는 삶의 사태들이, 작당하듯 고스란히 발로 몰려든다. 발이 늘 고달픈 이유다. 그래서인지 녹초가 돼 집에 들어와도, 시원한 물에 발 한번 씻으면 피로가 싹 가신다. 내일을 다시 살아갈 생기까지 덤으로 얻는다.

이런 생각을 해본다. 우리 아이들의 보드라운 발도 언젠간 거친 발이 돼있겠지. 차디찬 동토를, 뼈아픈 가시밭길을 걸으면서. 다윗처럼 머리를 가리고 울며 맨발로 걸어가는 시절이 있겠지. 곱디고운 꽃길은 그리 많지 않은 것이 인생이니. 그렇다고 딱하다고만 생각하지 않는다. 하나님 자녀의 발, 그 발걸음은 절대 고단함이나 실패로 끝나지 않는다. 눈물로 흠뻑 젖어 질퍽거리는 길가를 지나도, 사막에 그늘을 펼치시고, 물길을 내시며 꽃을 피우시는 하나님이 함께하시기 때문이다.

※

예수님은 잡히시기 전날 제자들의 발을 씻기셨다. 제자들의 발은 종일토록 뛰어다녀 땀과 먼지로 범벅이었다. 변변치 않은 신을 신고 진흙과 오물로 엉망인 길을 다닌 발은 지저분하고 추할 수밖에 없었다. 그래서 당시 발을 닦는 일은 노예의 몫이었다. 예수님도 그 문화와 정서를 모르실 리가 없었다. 그런데도 몸을 숙이고 수건까지 챙겨 제자들의 발을 씻기신다. 땀과 먼지를 손수 벗겨내시고, 수건으로 물기까지 닦으시면서 세심히 섬기셨다.

예수님은 그 발에 제자들을 향한 사랑과 사명을 담아주셨다. 그 섬김을 받은 제자들은 이후에 유럽으로, 아시아로 발을 디디며 그리스도의 사랑을 전하며 교회를 세웠다. 이제는 하늘의 별과 같은 또 다른 그리스도인들의 발이 세계 구석구석을 누비며 복음을 전하고 있다.

그리스도인의 발은 하나님의 사랑과 좋은 소식이 담긴 '발'이다. 그래서 사도는 "그들이 믿지 아니하는 이를 어찌 부르리요 듣지도 못한 이를 어찌 믿으리요 전파하는 자가 없이 어찌 들으리요"라고 반문하다가 이사야 52장 7절의 말씀을 인용하며 이렇게 갈무리한다.

보내심을 받지 아니하였으면 어찌 전파하리요 기록된 바 아름답도다 좋은 소식을 전하는 자들의 발이여 함과 같으니라(롬 10:15).

보내심을 받은 자들이, 좋은 소식을 전하며 세계를 활보하는데, 이때 그들의 발이 좋은 소식을 전하는 '발'이란다. 이것으로 끝이 아니다. "아름답도다!"라고 경탄도 한다. 그렇다. 그리스도인의 발은 보통 발이 아니다. 하나님의 역사를 알리며, 좋은 소식을 전파하며, 하나님의 아름다운 일을 완수하는 발이다. 요셉이 애굽에, 여호수아가 가나안 땅에, 다니엘이 바벨론에, 바울이 로마에, 예수님께서 이 땅에 디딘 '발'처럼 말이다.

아담과 하와는 죄를 지어 하나님의 동산에 다시는 발 디딜 수 없었다. 이후에 하나님은 노아의 때에 죄악으로 가득한 인류를 홍수로 심판하셨고, 이 땅은 비둘기조차 발붙일 수 없는 곳이 됐다. 그러다 물을 걷으시고 뭍을 다시 보여주시면서, 아담에게 주셨던 "생육하고 번성하라"는 약속을 노아에게 다시 주신다. 그 언약은 아브라함, 이삭, 야곱을 통해 확장되며 실현됐다. 그들은 땅을 넓혀가며 하나님의 나라를 세워갔다. 이제는 "가서 모든 민족을 제자로 삼아"(마 28:19), "땅 끝까지 이르러 내 증인이 되리라"(행 1:8)는 사명이 우리와 우리 자녀에게 주어졌다.

발 도장을 찍으며 출생을 신고하고, 지금은 잔소리만 듣는 우리 아이들의 발은, 10년, 20년, 30년, 40년 후에 어디에 있을까? 이 도시, 이 나라, 아니면 이 지구를 떠날 수도 있다. 어느 노래 가사처럼 뒤뚱뒤뚱 조그마한 발바닥으로 겨우 자기 몸만 옮기던, 부모가 전부였던 녀석들이 말이다.

아폴로 11호에 몸을 실은 닐 암스트롱(Neil A. Armstrong, 1930-2012)은 인류 최초로 달에 족적을 남겼다. 미지(未知)의 세계가 이지(已知)의 세계가 되는 순간이었다. 온 지구가 환호했고 이 우주 선장을 모시기에 바빴다. 그런 그가 남긴, 역사에 길이 남을 명언이 있다.

이것은 한 인간에게는 작은 한 걸음이지만 인류에게는 위대한 도약이다.

자는 아이의 발을 만지작거리며 기분 좋은 상상을 해본다.

비록 지금은 말썽만 피우는 걸음이지만, 좋은 소식을 전하며 하나님의 위대한 도약을 해내는 '사명자의 발'이 되기를. 암스트롱이 지구를 들썩였다면, 이 아이는 천국을 들썩이기를. 그렇게 아름다운 삶을 살다가 끝 날에 "잘하였도다 착하고 충성된 종아"라고 칭찬받기를.

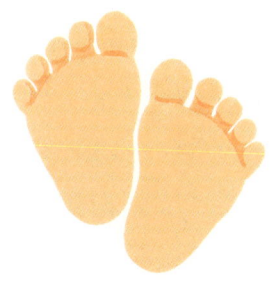

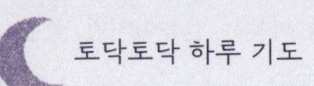 토닥토닥 하루 기도

　기쁘신 뜻 안에서 우리를 택하신 하나님, 갈 바를 알지 못하는 저와 이 가정을 항상 선한 길로 인도하여 주시니 감사드립니다. 우리는 다 양 같아서 그릇 행하고 그릇된 길로 갈 때도, 걸음을 바꾸사 영광스럽고도 거룩한 사명의 자리로 이끄시는 하나님을 전심으로 찬양합니다.

　하나님은 우리 자녀의 자그마한 발에도 크신 뜻과 계획을, 선하신 보호를 담아주셨습니다. 지금은 실수와 장난만 가득한 이 발이지만, 하나님의 영광과 나라를 위해, 복음을 위해 쓰일 아름다운 발인 줄 믿습니다. 천국을 들썩이며 하나님의 마음을 시원하게 하는 걸음이 되게 하소서. 세계 구석구석을 누비며 수많은 영혼을 위해 발이 부르트도록 뛰어다니게 하소서.

　아이가 가시밭길을 지나고 수렁에 빠질 때도 있을 것입니다. 아이가 우리와 발맞추어 동행하시는 하나님을 신뢰하게 하소서. 넘어질 때마다 일으켜 주시고, 향방 없이 떠돌 때 길을 보여주소서. 상처와 눈물로 얼룩진 발을 주님의 사랑으로 깨끗이 씻겨주소서. 어제나 오늘이나 영원토록 동일하신 예수님 이름으로 기도합니다. 아멘.

DAY 12.
하나님의 형상

너는 이미 예쁘고 사랑스럽단다

아침 햇살이 창을 부수고 들어오던 어느 날, 첫째 딸이 무슨 연유인지 홍소(哄笑)를 터뜨리고 있다. 난 영혼의 안식처인 소파에 누워 그 모습을 보며 덩달아 웃었다. 딸의 웃음은 내 영혼을 행복으로 물들인다. 그렇게 흐뭇한 미소와 함께 딸을 바라보고 있는데, 딸의 웃는 모습에서 내 얼굴이 어른어른하다 초점이 뚜렷해졌다. 나랑 기가 막히게 똑같이 생긴 것이었다!

첫째뿐일까. 삼 남매 모두 나의 DNA를 갖고 있다. 첫째는 날 닮아 동그란 두상에 볼살이 오동통하다. 도톰한 체형까지 닮아버렸다. 다행히 성장하면서 엄마의 분위기를 물씬 풍기고 있다. 둘째는 이목구비가 나를 닮아 가끔은 내가 긴 머리를 하고 있는 것처럼 보인다. 막내는 설명이 필요 없다. 나의 붕어빵, 거푸집, 도플갱어라 할 수 있겠다. 내가 환생한 듯하다. 보고 있으면 헛웃음만 나온다. 세 아이 모두 배 속 입체 초음파로 만났을 때부터 심상치 않은 머리 둘레로 이미 예감했다. 그런데도 커가는 아이들을 볼 때면 유전의 신비가 참으로 놀랍다.

외모만이 아니다. 성격도 닮았다. 첫째는 눅진한 면이 있고, 둘째는 무엇이든 해내는 집념이 있다. 셋째는 뭐니 뭐니 해도 나의 귀여움을 닮았다. 이렇게 쓰다 보니 좋은 점은 전부 아빠 덕이라는 교만이 솟는다. 그래도 큰 머리와 작은 키, 예민함과 까탈스러움을 물려받은 아이들에게, 이 말은 꼭 해줘야겠다.

"얘들아, 미안하다……."

이런 사과로 못나고 모난 날 닮은 아이들을 향한 죄책감을 한 꼬집 덜어본다. 그래도 주변에서 아이들이 부모를 예쁘게 닮았다고 하니, 그 말을 믿고 마음을 놓아본다.

'고슴도치도 제 새끼는 함함하다고 한다'는 속담이 있다. 자녀를 낳아보니 공감 백배다. '함함하다'는 사전을 보면 "털이 보드랍고 반지르르하다", "소담하고 탐스럽다"는 뜻이다. 고슴도치에게 가당치도 않은 표현이다. 고슴도치는 가시가 돋친 불편한 동물이니 말이다. 그러나 제 어미 눈에는 콩깍지가 씌어 보드랍고 탐스러워 보이는 것이다.

　내 자식도 그렇다. 누가 뭐래도 '세젤예'(세상에서 제일 예쁜 사람)다. 어디 있어도 눈에 띄고 광채가 난다. 무엇보다도 날 너무도 똑 닮아 마치 내 분신 같다. 그래서 아이의 감정에 동화되기도 한다. 아이가 웃으면 나도 웃게 되고, 아이가 울적하면 나도 울적하다. 아이가 혼이 나면 꼭 내가 혼나는 것 같다. 이렇게 자녀는 나를 닮았을 뿐 아니라 나와 같은 존재로 여겨진다. 그러니 어떻게 사랑하지 않을 수가 있을까?

　그런데 부모 품을 벗어나면 이야기는 전혀 달라진다. 부모에게 '무한 리필'의 사랑을 받던 아이가, 밖에서는 세상의 기준에 따라 팍팍한 평가를 받는다. 그중 '얼평'(얼굴 평가)이 가장 심하다. 예쁜 사람, 사물을 좋아하는 것은 모두의 본능이지만, 지금은 노골적으로 미모를 추앙한다. 아이들이 보는 영상만 봐도 예쁘고 잘생긴 사람만 자주 노출이 된다. 매일 접하는 동화책도 예외가 아니다. 두 딸이 좋아하는 예쁜 공주는 새하얀 피부, 푸른빛의 큰 눈, 찰랑거리는 금색 빛 머릿결이 필수다.

※

　얼마 전 디즈니 영화 <인어공주> The Little Mermaid, 2023가 개봉됐다. <인어공주>를 보지 않고 자란 사람은 없다. 환상과 감동을 주는 동화였다. 자연스럽게 온갖 주목을 받았다. 하지만 어처구니없는 논란이 일었다. 바로 주인공으로 흑인 배우 할리 베일리 Halle Bailey가 캐스팅됐다는 것. 개봉하기도 전에 이곳저곳에서 아우성치며 실망을 표출했다. 동심을 파괴당한 피해자가 돼 원망 섞인 비판을 내뱉었다. 연기력보다 비주얼이 우선인 캐스팅이 다 이유가 있다. 대중은 수려한 연기자를 보고 싶어 했다.

두 딸은 벌써 외모에 민감하다. 여자아이라 그런지 빠르고 다르다. TV, 동화 속 주인공을 보고 팔짝 뛰며 열광하다가, 불쑥 자신과 비교하며 시무룩해진다. 내 눈에는 너무 예쁘고 사랑스러워 지금 모습을 눈 속에 영원히 간직하고 싶다. 볼 때마다 반하고 또 반한다. 보고 있어도 보고 싶고, 보지 않으면 격하게 그리운……이런 손발 오그라드는 말이 줄줄 나온다. 나에게는 그런 아이들이, 자신의 모습을 보고 실망하고 낙심하니 마음이 아린다.

더 심각한 것은, 아이들이 다른 사람의 외모까지 평가한다. 순수해 보이는 이 어린이들이 남을 향한 '얼평'에 벌써, 기탄없이 동참하며 내 귀를 의심하게 만드는 질문을 한다.

"저 사람은 왜 키가 작아?"

"저 오빠는 왜 뚱뚱해?"

이런 말들도 서슴지 않고 한다.

"이 친구는 예뻐서 좋아."

"이 아이는 귀엽다."

스스로를 주인공과 비교하며 속상했을 텐데, 그 아픔을 또 다른 사람에게 주는 것 같아 놀랐고 겁이 났다. 그래서 이때만큼은 단호하게 아이들에게 훈육했다.

"얘들아, 누구도 너희를 외모로 평가하거나 비하할 수 없어. 너희도 누구를 외모로 평가하거나 비하하면 안 돼. 모든 사람은 예쁘고 아름답고 사랑스럽단다!"

자녀는 누구와도 비교돼서도, 우열로 나뉘어서도, 폄하돼서도 안 된다. 그럴 일 없겠지만, 그래서도 안 되지만, 혹여나 왜냐고 묻는다면, 단 하나의 이유를 말해주고 싶다. 우리 자녀는 '하나님의 형상'이기 때문이다. 하나님의 영광이 투영된, 하나님을 가장 닮은, 하나님을 예배하는 특별한 걸작들이기 때문이다. 그래서 아이들은 존귀하게 여김받아야 한다.

가정에서, 학교나 학원, 심지어 교회에서 아이들이 차별을 받는 경우가 있다. 사람이니 예쁘고 똑똑하고 심성이 좋은 매력적인 아이에게 끌린다. 부끄럽지만, 솔직히 나도 그런 적이 순간순간 있었다. 그렇게 은연중에 편애하던 중에도 모든 아이는 귀염받고 사랑받고 싶어 한다. 모난 말과 버릇없는 행동을 해서라도. 그래서 부모라면, 어른이라면, 그리스도인이라면, 하나님의 형상으로 지음받은 어린아이들을 편애, 편견, 차별 없이, 동일하게, 무한하게, 조건도 제한도 없이 예뻐해 줘야 한다.

한 영화에서, 꽤나 높은 벼슬에 있는 '선비'와 당시 가장 천했던 '노비'의 딸이 대화하는 장면을 보았다. 큰 울림이 있어 수년이 지났지만, 그 장면이 여전히 눈에 선하다. 선비는 노비의 딸이었던 소녀에게 '꿈'이 있는지 물었다. 질문 자체가 어불성설이었다. 소녀는 노비의 딸이었기에 당연히 노비였고, 노비에게 꿈은 환영에 불과했기 때문이다. 그런데 소녀의 대답이 마음을 울렸고, 선비의 대답은 깊은 깨달음을 줬다.

소녀: 그 꿈이라는 거 생각해 봤습니다.
선비: 그래 무엇이 되고 싶으냐?
소녀: 꽃이 되고 싶습니다.
선비: 꽃? 왜 꽃이냐?
소녀: 꽃은 어디서든 귀한 대접을 받지 않습니까? 잡초처럼 뽑아 버리지도 않고, 잔디처럼 밟지도 않고, 그리고 누구에게나 예쁨을 받고.
선비: 꽃이 아니어도 사람은 그냥 그대로 귀한 것이다.

많은 생각을 하게 되는, 인상 깊은 장면이었다. 꽃이 되고 싶은 아이는 이미 꽃이었다. 아니 꽃보다 더 귀한 존재였다. 선비는 이 사실을 깨닫게 해줘서 누구도 그 소녀를 뽑지도, 밟지도 못하도록 했다. 오랫동안 이 대사를 기억하면서 지금 내 자녀들과 만나는 아이들을 존귀하게 대하려 노력한다.

항상 쉽지는 않았다. 성에 차지 않을 때마다 아이를 옆집 아이와 비교하며 비하했다. 폄하하며 조롱할 때도 있었다. 이미 꽃인데 꽃이 되는 방법을, 이미 사랑받기에 충분한 존재인데 사랑받는 방법을 주입하려 했다. 나는 아빠이고 목사이기 이전에 아이에게 상처를 주는 고약한 사람이었다.

자책하고 후회하며 아이들에게 사과도 해보지만, 이미 쏟아진 물은 다시 담을 수 없었다. 아이는 존재의 가치를 상실한다. 아름다운 백조라는 사실을 모른 채 외롭고 괴로웠던 '미운 오리 새끼'처럼. 그리고 예쁜 아이들이 애써 내가 좋아하는 행동과 말을 할 때가 있다. 달갑지 않다. 미안할 뿐이다. 내가 온전히 사랑하지 못한 탓에 사랑에 목말라 갈구하는 것이기 때문이다. 그래서 기회가 닿을 때마다 진심을 말해준다. 자신이 꽃이고 백조라는 사실을 알도록.

"얘야, 넌 하나님의 형상이란다."
"하나님을 닮아 하나님을 예배하며

"하나님의 무한한 계획을 갖고 있단다."
"꽃처럼 너무 예쁘고 경이로워서,
아빠도, 그 누구도, 너를 함부로 할 수 없단다."

끝으로 아이들이 꼭 알았으면 좋겠다. 나보다 훨씬 더 멋지고 인자하신 하나님이, 아빠 미소로 바라보고 계신다고. 부모도 자기를 닮아 자식을 사랑스럽게 보는데, 하나님은 오죽하실까. 당신의 형상을 지닌 존재이니, 얼마나 예뻐하실까. 우주도 품지 못하는 사랑으로 이 아이들을 바라보실 거다. 그래서 나는 매순간 이렇게 말해주지 못하지만, 하나님은 한결같이 이 음성을 들려주실 것이다.

"나의 사랑, 내 어여쁜 자야."

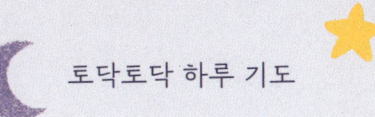 토닥토닥 하루 기도

    우리를 창조하시며 섭리하시는 하나님, 오늘도 하나님이 지으신 세계 안에서, 하나님을 닮은 자녀를 돌보게 하시니 감사합니다. 하나님, 이 자녀는 하나님의 영광과 성품을 담지하고, 하나님을 예배하는 특별한 걸작품입니다. 우리 아이가 이러한 자신의 존재를 기억하며, 다부진 자신감과 견고한 자존감을 품게 하소서.

    지금 세상은 사람을 외모로 평가하며 폄하합니다. 겉모습만으로 차별을 일삼고 서슴없이 상처를 줍니다. 우리 아이를 보호하여 주소서. 하나님의 형상으로서 하나님과 부모, 이웃에게 무한하고 무조건적인 사랑을 받고 자라갈 수 있도록 간섭하여 주소서. 이를 위해 저 또한 부모로서 노력하며 아이를 존귀하게 여기게 하소서.

    또한 아이에게도 주님의 마음을 주소서. 이웃을 소중히 여기며 언제나 환대하는 삶을 살게 하소서. 사랑받지 못한 이에게 찾아가 하나님의 사랑을 실천하게 하소서. 그래서 아이로 말미암아 수많은 영혼이 하나님의 형상으로서 온전한 사랑을 받게 하소서. 내 모습 이대로 사랑하시는 예수님 이름으로 기도합니다. 아멘.

DAY 13.
예배자

나아는 천국 멋쟁이!

"나아는 천국 멋쟁이!"
"얘에도 천국 멋쟁이!"

구자억 목사님의 찬양, <천국 멋쟁이>가 집 안에 울려 퍼진다. 심장 박동을 자극하는 전자음악 스타일의 찬양이다. 우스꽝스러우면서 단순한 안무는 따라 추기 딱 좋다. 복장은 어찌나 촌스럽고 유치찬란한지, 요즘 유행하는 'B급 감성'이다.

그런데 이 찬양은 듣고 볼수록 매력적이고 중독적이다. 결코 가벼운 가사도 아니다. 심히 진지하고 무거워 그리스도인의 비장함을 고취하기에 충분하다.

세상의 썩어질 것에 목을 매지 않고

세상의 있는 자들 앞에 주눅 들지 않으며

가진 것은 없어도 세상을 다 가진 듯

내가 바로 천국 멋쟁이.

(구자억, <천국 멋쟁이> 中)

이런 그리스도인이 진정한 멋쟁이 아니겠는가?

이렇게 <천국 멋쟁이>를 TV로 시청하고 있었는데, 작고 개구진 '천국 멋쟁이', 첫째와 둘째가 눈앞에서 들썩들썩하고 있었다. TV를 보며 춤과 찬양을 똑같이 따라 했고, 그러다가 서로 눈이라도 마주치면 깔깔거리기 바빴다. 이 찬양을 유튜브 알고리즘으로 만난 후 하루에 4~5번씩 시청하며 춤추고 노래했다. 단지 그들을 흥분하게 하는 이 '킬링 파트'에 참여하기 위해서였다.

"나아는 천국 멋쟁이!"

"얘에도 천국 멋쟁이!"

나는 "정말 대단한 멋쟁이들 나셨다"라고 혼자 중얼거리며 구경하면서도, 저렇게 생기발랄하게 찬양하는 것도 잠시뿐이겠거니 생각돼어 벌써 아쉽기도 했다. 아이들이 언제까지 몸에 땀 나도록 뛰고, 온 힘을 다해 고래고래 찬양할 수 있을까? 곧 화려한 아이돌 댄스가 눈에 들어와 릴스와 챌린지를 찍느라 바쁠 것이고, 조금 더 지나 사춘기가 오면 적막하고 고요한 세계에 틀어박혀 나오지 않을 테니.

※

그런데 성인이 돼서도, 왕의 자리에 올랐어도, 어린아이처럼 찬양한 인물이 있었으니, 바로 '다윗'이다. 그는 찬양과 율동이 주일학교의 전유물이라는 고정관념을 깨줬다. 다윗은 숱한 역경 끝에 30세의 나이에 온 이스라엘의 왕이 됐다. 그러나 왕의 자리에 취해있을 수 없었다. 여전히 나라의 정치, 사회, 군사는 불안정했다. 당장 해결해야 할 문제가 산적했다. 가장 시급한 문제는 하나님의 선택을 받은 '제사장 나라'로서 신앙의 결집이었다. 그래서 언약궤를 예루살렘, 다윗 성으로 즉시 옮기기로 한다.

과정은 험난했다. 다윗은 자신과 함께 할 무리 삼만 명을 모으고, 블레셋 땅 바알레유다로 가서 언약궤를 메어 오고자 했다. 수금과 비파와 소고와 양금과 제금으로 연주까지 하면서 말이다. 왕으로서 할 수 있는 모든 것을 쏟아부었다. 그런데 결과는 처참했다. 소들의 요동으로 언약궤가 떨어질 위기를 당했고, 웃사가 이를 잡아 '성물을 만지지 말라'는 율법을 어기고 말았다. "힘과 능력"이란 뜻의 '웃사'였지만, 자신의 '무지'함으로 '무능'을 나타냈고, 끝내 하나님의 진노를 받고 말았다. 당황한 다윗은 급한 불을 끄듯 오벧에돔의 집에 언약궤를 모셔놓았다.

다윗은 실수를 돌아보며 철저히 각성했다. 포기하지 않고 다시 도전했다. 이번에는 율법에 따라 언약궤를 어깨에 메고 성으로 향했다. 다윗은 어느 때보다 신중했고, 철저했고, 겸손했다. 언약궤를 멘 사람들이 여섯 걸음을 걸었는데, 이상이 없었다. 다윗은 '하나님이 허락하셨다!', '언약궤를 성으로 옮길 수 있겠다!'라는 확신이 들었다.

다윗은 얼마나 좋았을까. 얼마나 감격했을까. 그동안 겪은 역경과 설움은 생각나지도 않았을 것이다. 그는 벅찬 가슴으로 제사를 드리며 이렇게 찬양할 뿐이었다!

> 다윗이 여호와 앞에서 힘을 다하여 춤을 추는데 그 때에 다윗이 베에봇을 입었더라 다윗과 온 이스라엘 족속이 즐거이 환호하며 나팔을 불고 여호와의 궤를 메어오니라(삼하 6:14-15).

왕으로서 강력한 리더십이 있을 때였다. 전쟁에서 승리하는 성과도 거두었다. 이러한 꿈같은 현실도 다윗을 자극하지 못하고 있었다. 그런 다윗이 어찌나 기뻤던지 왕으로서 고고한 기품과 체면을 단번에 버렸고, 힘을 다해 춤을 추며 찬양했다.

위엄 있는 왕복이나 예복을 입고 있지도 않았다. 단출한 베 에
봇을 입고 있을 뿐이었다. 아내 미갈은 그런 다윗이 영 탐탁지
않았다. 체통 없이 구는 철부지 남편 보듯이 그를 업신여겼다.
하지만 다윗은 머리를 긁적이며 민망히 여기지 않았다. 오히
려 자신의 행동을 이렇게 설명하고 싶지 않았을까?

"나는 만군의 여호와를 찬양한 것이다!"

"나는 아버지이신 하나님 앞에서 뛰논 것이다!"

'사랑과 기쁨'이라는 감정은 마음이라는 오선지 위에 음표를
그리며 노래를 만든다. 다윗도 그랬다. 아름다우신 하나님을
경탄하며 사모했기에 희열을 주체할 수 없었다. 하나님 앞에
서, 하나님을 향한 영광의 노래를 억누를 수 없었다. 그렇게 다
윗은 왕이나 장수가 아닌, 예배자로 살아가기를 자처했다.

❋

나도 음악을 즐겨 들어왔다. 클래식, 재즈, 팝 음악을 가리
지 않고 들었다. 음악은 귀를 타고 들어와 지친 영혼을 달래줬
고, 무언의 감정들을 대변해 줬다. 그런데 하나님과의 사귐으
로 들어갈수록 찬양 외에는 귀에 들리지 않았고, 감흥을 느끼
지도 못했다. 온 우주에서 가장 광대하신 하나님을 높이는 찬
양만큼, 드넓은 하늘에도 다 기록할 수 없는 하나님의 사랑에

관한 노래만큼, 영혼을 충만하게 하는 음악이 이제는 없다.

지금 신명 나게 율동하는 우리 아이들에게 이러한 신앙이 있을지 모르겠다. 신앙이라기보다 칭찬받고 예뻐 보이고 싶은 마음이 있을 수도 있다. 주체할 수 없는 에너지를 발산하고 싶어 그저 신나게 춤추고 노래하는 것일 수도 있다. 그래도 괜찮다. 곧 다윗처럼 전심으로 예배하는 날이 올 것이다!

아이들이 입술과 몸짓으로 하나님의 이름을 선포할 때 나의 감사는 이루 말할 수 없다. 하나님의 영광을 보지도 이르지도 못한 자가(롬 3:23), 하나님의 영광을 보고(고후 3:18), 하나님의 영광을 선포하는 자로 부름을 받고(사 43:7), 하나님의 영광을 나타내며 살아가니 말이다(마 5:16). 입으로 더러운 저주를 하늘과 땅에 일삼는 존재가, 미천한 혀로 하나님을 높이며 전파하는 자가 됐으니 말이다(시 51:14).

하나님은 우리 아이들의 장난기 가득한 찬양이지만 흡족히 받으실 것이다. 아빠로서 아이들의 지금 모습이 변치 않기를 바라본다. 하나님 앞에서는 평생 어린아이로 뛰놀았으면 좋겠다. 연예인 앞에서 두 손 들고 폴짝폴짝 뛰며, 그 순간 스트레스를 해소하며 근근이 살지 않았으면 좋겠다.

찬양과 경배받으시기에 합당하신 하나님을 향해 두 손을 곧게 펴며, 몸과 마음과 삶을 드리는 예배자가 됐으면 좋겠다. 그 작은 입술을 통해 '주님의 높고 위대하심'이 온 우주에 울려 퍼져 하늘에 열납됐으면 좋겠다. 그것이 요란한 세상이 볼 땐 멋없어 보여도, 하나님이 보시기엔 진짜 멋쟁이 인생이다!

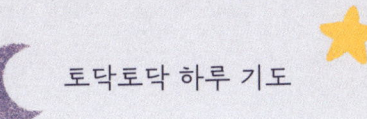 토닥토닥 하루 기도

    가장 높고 위대하신 하나님, 오늘도 하나님을 찬양하며 높입니다. 저와 이 가정을 하나님의 나라와 백성으로 부르셨으니 우리의 경배로 영광받아 주소서.

    하나님, 우리의 자녀는 하나님을 찬양하기 위해 이 땅에 태어난 존재입니다. 아이가 하나님이 주신 몸과 마음, 생각과 감정으로 하나님을 전심으로 찬양하는 삶을 살게 하소서. 사람을 높이지 않게 하시고, 화려한 세상에 취하지 않게 하시고, 가장 아름다우시며 거룩하신 하나님을 즐거워하게 하소서. 평생토록 다윗처럼 어린아이처럼 주님 앞에서 뛰놀게 하소서.

    아이의 작은 입술로 크신 하나님의 영광이 온 땅에 울려 퍼지기 원합니다. 어디에서 무엇을 하든지 그 입술에 하나님의 이름과 성품이 가득하게 하소서. 아이의 찬양으로 하나님의 나라가 확장되며, 열방과 만인이 하나님의 영광을 바라보게 하소서. 찬양받으시기에 합당하신 우리 구주 그리스도 이름으로 기도합니다. 아멘.

DAY 14.
특별한 존재

우리 아이 네 살이에요

보통의 다둥이 가정이 그렇듯, 우리 부부에게 첫째 아이는 자랑이다. 우선은 엄마 아빠가 겪는 육아의 첫 경험들을 독점하는 첫 사랑이다. 아이와 함께하는 모든 순간이 신기하고 신비롭다. 시기별 발달 과정도 매번 깔끔하게 완수해서, 키우는 보람도 있었다. 아내는 첫째 아이의 영유아 검진 체크리스트를 작성할 때면, 언제나 콧노래를 부르며 신나 보였다.

"여보! 우리 첫째가 다 최상이야. 못하는 게 없어."

소아과에서도 양호 또는 최상이라는 진단을 한 아름 받아왔다.

둘째 아이도 보통내기는 아니다. 첫째가 교과서적으로 자랐다면, 둘째는 언니를 보며 키운 욕심과 경쟁심을 연료 삼아 빠른 속도로 앞서나갔다. 둘째는 첫째 앞에서 홀로 좌절하기 일쑤지만, 누가 봐도 단연 두드러졌다. 부딪히고 도전하며 해내는 멋진 녀석이다. 그래서 나는 이 두 아이의 성장에 관해서는 걱정한 적이 거의 없다. 아빠를 닮아 머리 크기가 최상위권을 기록한 것만 빼면.

그런데 셋째에서 급제동이 걸렸다. 태어나자마자 코로나19에 감염됐고, 그 영향인지 1년이 넘도록 감기약을 달고 살았다. 뒤집고, 기고, 걷고, 말하는 것이 답답할 만큼 더뎠다. 시원하게 통과해야 할 때마다 미간을 찌푸리고 마음 졸이며, 예의주시해야 했다.

가장 심각한 문제는 따로 있었다. 키가 매우 작았다. 두 돌이 지났을 때 돌 아이 키만 했다. 전국 꼴찌 수준이었다. 검사하던 병원에서는 당혹스러움을 감추지 못했고, 우리 부부는 마음이 무너졌다. 마치 이 아이에게만 시간과 성장이 멈춘 것 같았다.

아이의 작은 키 탓에 우리에게 상처가 되는 일도 잦았다. 지나가는 사람들은 아이가 세 살, 네 살이 될 때까지도 돌쟁이로 보았다.

"어머, 아가야, 너무 예쁘다. 아기가 너무 잘 걷네요."

"와, ○○아 이 귀여운 아기 좀 봐봐. 동생인가 봐. 이 동생한테 우리 '안녕' 해볼까?"

걷는 것은 당연했고 뛰어다닐 때였다. '형아' 소리를 들어야 하는데 '동생' 취급을 받았다. 그럴 때마다 아내는 상한 심정을 추스르고, 눈물을 삼키며 자리를 황급히 떠났다. "우리 아이 네 살이에요"라는 말도 차마 하지 못한 채. 그렇게 아내는 남모를 가슴앓이를 자주 했다. 이런 아린 경험들이 매일 쌓여갔다. 누가 아이의 키와 나이를 물을까 봐, 놀라고 당황하는 눈초리를 받을까 봐, 지레 겁을 먹거나 먼저 피하기도 했다.

셋째 아이의 성장을 지켜보는 우리의 태도도 서서히 어긋났다. 또래 아이와 늘 비교하며 격차를 의식했다. 영유아 성장표를 보며 좌절했고, 병원에 갈 때마다 키를 재며 실망했다. 그래서 우리는 그 아이를 '아픈 손가락'으로 취급했다. '나중에 다 클 거야'라는 희망을 갖고 싶었지만, 병원에서는 비관하며 치료만 권하고, 주변에서는 가엽게만 여기니, 마음을 다잡기 쉽지 않았다. 이 아이를 두고 나와 아내는 밤마다 이야기를 나누었다. 서로의 일렁이는 마음을 잔잔히 달래줬다. 그러다 둘이 정신 번쩍 드는 깨달음이 있었다.

'우리가 아이를 걱정거리 취급을 하는 것은 아닐까?'
'이 걱정은 아이가 주는 것이 아니라 우리가 만든 것이 아닐까?'

'우리가 아이를 작기만 한 아이로 만들고 있지 않은가?'
'우리가 아이를 부끄러워하고 있는 것은 아닐까?'

심장이 멎을 만큼 예쁘게 웃는 건강한 아이다. 눈부시게 빛나는 보석 같은 아이다. 어딜 가든 결국에는 적응하며 아이답게 놀았고, 자기 속도에 맞게 줄기를 뻗고 잎사귀를 펼치며 만개할 준비를 하고 있었다. 첫째와 둘째 아이처럼 신비와 경이를 우리에게 안겨주고 있었다.

그런 아이를 앞에 두고 우리는 온갖 근심에 빠져 그 황금 같은 시간을 허비했다. 그저 작고 더딘 아이라는 시선을 줬다. 아이는 우리가 엄마와 아빠라는 이유만으로 달려와 품에 안겼는데, 우리는 아이의 '존재'보다 '기능'에 주목했다.

※

「너는 특별하단다」(고슴도치)는 '웸믹'이라 불리는 나무 사람들이 모여 사는 마을의 이야기다. 각양각색의 나무 사람이 살았는데, 그곳에는 독특한 일상이 있었다. 웸믹들은 서로를 보며 멋지고 매력적인 웸믹에게는 번쩍번쩍한 '금빛 별표'를, 흉하고 별 볼일 없는 웸믹에게는 우중충한 '잿빛 점표'를 붙여주며 서로를 평가했다. 그 마을에 펀치넬로라는 나무 사람이 있었는데, 그는 매일 잿빛 점표 투성이었다.

그는 "아무래도 난 좋은 나무 사람이 아닌가 봐"라고 푸념하며 점표 받는 것이 무서워 고립된 생활을 했다. 그런 그가 루시아를 만난다. 루시아는 별표도 점표도 붙이지 않았다. 그 비법이 궁금했던 펀치넬로에게 루시아는 나무 사람을 만든 목수, 엘리 아저씨를 '매일' 만나러 갔을 뿐이라고 일러준다.

펀치넬로는 용기를 내 엘리 아저씨를 찾아간다. 엘리는 펀치넬로를 금세 알아보고는 그를 다정하게 불렀다. 그리고 잿빛 점표를 받아 상심했던 그의 마음을 모두 들어줬다. 엘리 아저씨가 펀치넬로에게 건넸던 말들이 있다.

누가 별표나 점표를 붙이는 거지? 그들도 너와 똑같은 나무 사람들일 뿐이란다. 펀치넬로, 남들이 어떻게 생각하느냐가 아니라 내가 어떻게 생각하느냐가 중요하단다. 난 네가 아주 특별하다고 생각해……왜냐하면, 내가 널 만들었기 때문이지. 너는 내게 무척 소중하단다.

루시아는 남들이 어떻게 생각하느냐보다 내가 어떻게 생각하느냐가 더 중요하다고 마음먹었기 때문이지. 그 표는 네가 붙어있게 하기 때문에 붙는 거란다.

그 표는 네가 그것을 중요하게 생각하기 때문에 붙는 거야. 네가 나의 사랑을 깊게 신뢰하면 할수록 너는 그 표들에 신경을 덜 쓰게 된단다.

이제부터 날마다 나를 찾아오렴. 그러면 내가 널 얼마나 소중하게 여기는지 알게 될 테니까.

기억하렴. 내가 너를 만들었고, 넌 아주 특별하단다. 나는 결코 좋지 못한 나무 사람을 만든 적이 없어.

나무 사람을 만든 목수 엘리에게는 펀치넬로라는 '존재'가 특별했다. 펀치넬로는 마을에서 잿빛 점표를 받는 열등한 존재였지만, 그를 만든 목수 엘리에게는 '특별한 존재'였다. 엘리가 그러한 마음으로 펀치넬로를 만들었기 때문이다. 루시아는 엘리의 곁에서 이러한 깊은 사랑을 확인한 이후에 점표로부터 자유할 수 있었다. 그래서 엘리는 펀치넬로 역시 매일 자신을 찾아오라고 한 것이다.

아이에게 잿빛 점표를 붙여준 것은 다름 아닌 나였다. 아이가 사랑스럽지 않은 적은 없었다. 소중하지 않은 적도 없었다. 태어난 후부터, 아니 배 속 작은 점이었을 때부터, 아이는 나에게 특별한 존재였다. 그런데 나도 어느새 세상의 잣대와 속도 그리고 채점표로 아이를 평가하고 있었고, 잿빛 점표를 하나씩 붙여줬는지도 모른다. 내 곁에서 부모의 깊고 넓은 사랑을 받으며 자신의 소중함과 특별함을 알아야 할 아이에게.

'세굴라', 내가 좋아하는 히브리어 단어다. 출애굽기 19장 5절에 '소유'라고 번역된 이 단어는, '특별한 소유', '특별한 보물'의 의미도 있다. 하나님은 이제 막 애굽을 겨우 탈출해 꾀죄죄한 이스라엘이 뭐가 그리 예뻐서서 보물처럼 여기셨을까? 애굽처럼 번영과 힘이 없는, 부랑자나 다름없는 그들을 말이다. 이유는 단 하나였다. 하나님의 사랑으로 택함받은 백성이자 자녀이기 때문이었다. 하나님은 그들의 외모, 속도, 능력, 기능을 보지 않으셨다. 자녀는 그 자체로 특별한 존재였다.

나도 그 은혜를 입은 자다. 그리스도의 십자가를 보면 두 가지 사실을 알게 된다. 내가 얼마나 악한 죄인인지, 그런 내가 얼마나 크고 놀라운 사랑을 받았는지. 그래서 누가 뭐라 해도 나는 존귀한 자라 확신한다. 아이도 내 곁에서 그런 확신을 얻으며 살아가야 한다. 엘리 아저씨 곁에 있던 루시아처럼. 하나님 품 안에 있던 이스라엘과 지금의 나처럼. 자신의 특별함, 소중함, 존귀함을 깨달으면서.

지금 이 글을 쓰는 이 순간, 아이를 너무 안아주고 싶다. 목수 엘리 아저씨처럼 아이를 하늘로 번쩍 들며, 밝은 미소와 따뜻한 눈 맞추고 싶다. 다시 오지 않을 스쳐만 가는 이 시절을 잠시 멈추고 아무의 방해도 받고 싶지 않다. 그리고 마치 세상에 아이가 '너' 하나인 것처럼, 이 말을 가득 해주고 싶다.

"아가야, 너는 나에게 너무 특별하단다."

DAY 14. 특별한 존재

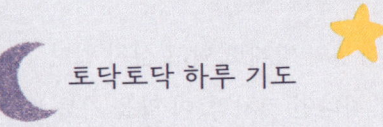

토닥토닥 하루 기도

하나님 아버지, 오늘도 이 땅을 살아가는 저에게 하늘의 자원을 채워주시니 감사합니다. 가정을 지키는 순간마다 그리스도의 십자가를 붙들게 하소서. 그 피 묻은 십자가로 우리 가정을 향한 뜨거운 사랑과 넓고 깊은 계획을 깨닫게 하소서. 그래서 날마다 새롭게 변화되고 확장되는 가정 되게 하소서.

하나님 진실한 마음으로 고백합니다. 허락하신 이 자녀는 우주에서 단 하나뿐인 보배로운 존재입니다. 우리 자녀에게 부여하신 특별함을 제가 잊지 않도록 지혜를 주소서. 세상의 잣대와 평가, 사람의 속도와 방향 안에 아이를 옭아매지 않게 하소서. 하나님이 지으신 고유한 인생이니, 아이를 기능이 아닌 존재 그 자체로 바라보며, 매 순간 보물처럼 귀중히 품게 하소서.

그래서 아이가 저의 곁에서 자신의 소중함을 발견하기를 원합니다. 세상에서 외면을 당하고 낮은 평가를 받는다고 할지라도, 가정과 부모 안에서 받는 사랑과 돌봄으로 "너는 아주 특별하단다"라는 음성을 듣게 하소서. 그런 가정과 부모가 될 수 있도록 성령께서 함께하여 주소서. 나의 이름을 부르시며 찾아오신 예수님 이름으로 기도합니다. 아멘.

DAY 15.
감탄

오 마이 슈퍼스타!

밥을 하는 것만큼이나 밥을 먹이는 것도 어렵다. 아이에 따라 다르겠지만, 우리 아이들은 혼도 내보고 사정을 해보아도 새 모이만큼 먹었다. 식판에 남긴 아까운 밥을 싹싹 긁어 먹으면 허탈하고 처량해진다. 그래도 고진감래(苦盡甘來)라고 했던가. 어느 날 갑자기 아이가 "엄마, 더 줘! 더 줘!"를 외치며 '더 먹기' 향연을 펼칠 때가 오더라. 그 시점을 유심히 보니, 키가 부쩍 클 때였다. 그래서 알았다. 아이는 먹으면서 크고, 크는 만큼 먹는다는 것을.

아이가 자랄 때 밥처럼 찾아 먹는 것이 있었다. 바로 '감탄'이다. 아이들은 감탄을 먹으면서 크고, 크는 만큼 감탄을 애타게 찾았다. 이 중요한 사실을 처음에는 몰랐다. 의식하지 않고 의도하지 않아도, 아이의 탄생과 발달을 볼 때마다 자연스레 탄성이 터졌기 때문이다. 그런데 아이는 폭죽처럼 팡팡 터지는 부모의 반응을 즐기고 있었다.

"여보, 여보, 봐봐. 아이가 나를 보고 웃었어!"
"와! 드디어 걷는다, 걸어. 잘한다, 잘한다!"
"들었어? 지금 나한테 아빠라고 했어. 아가야, 다시 해봐.
아—빠!"
"우리 아이는 벌써 한글을 읽을 줄 아네? 혹시 천재인가?"
"오늘 유치원에서 발표도 잘하고 퀴즈 시간에는 1등 했대!"

이 말을 하던 당시 유난스럽게 호들갑 떨었던 우리 부부의 모습이 지금도 눈에 선하다. 아이의 몸짓 하나에도 웅장한 예술을 보듯 기립박수를 쳤기 때문이다. 월드컵 4강 신화보다 더 기뻤다. 살면서 누군가에게 이렇게 열광한 적이 있었을까. 왜 '딸 바보', '아들 바보'라고 말하며, 부모에게 '자식 바보'라는 꼬리표가 달리는지 알겠다. 나도 그렇게 자식에게는 '팔불출'이 돼버리고 말았다.

아이도 부모의 이러한 특성을 익히 안다. 출생 이후 줄곧 자기만 보면 입이 찢어져라 웃고, 손이 닳도록 손뼉 친 존재이기 때문이다. 자신을 연예인처럼 무대에 세워놓고 1열 직관하는 '광팬'이기 때문이다. 그래서 아이는 미약하더라도 무언가를 해내면 나에게 잽싸게 달려온다. 그러고는 마치 새끼 새가 입을 쩍 벌리며, 어미 새가 주는 먹이를 먹으려 발을 동동 구르듯이, 부모의 감탄과 환호를 갈구한다. 그러면 나는 소리도 지르고, 박수도 치고, 헹가래도 쳐준다. 감흥이 없을 때는 연기라도 해서 아이가 실망하지 않도록 한다.

화초가 줄기로 물을 끌어 올리며 잎사귀를 힘차게 내밀 듯이 아이에게 부모의 감탄에 스며들 때 아이의 정서와 지능, 신체 능력이 거침없이 뻗어나간다. 그래서 아이들은 한창 클 때 밥을 찾고 잔뜩 먹듯이, 부모의 관심과 호응을 끌 만한 기회를 찾고 또 찾는 듯하다.

"아빠, 이거 내가 그린 그림이야.
이건 아빠고, 이건 엄마, 그리고 나야."
"아빠! 나 자전거 타기 성공했어!"
"아빠, (빈 식판을 보여주며) 나 밥 싹싹 다 먹었다? 잘했지!"
"아빠 나 오늘 친구랑 사이좋게 지내서 선생님에게 칭찬받았어!"

이토록 아이는 칭찬에 굶주려 있다. 먹어도 먹어도, 받아도 받아도 끝이 없다. 그래서 부모는 아이에게 삼시 세끼 챙기듯 감탄을 먹여야 한다.

아이에게 부모의 감탄은 큰 의미가 있다. 부모는 아이에게 '히어로'이기 때문이다. 나도 내가 동경하는 사람에게 칭찬받으면 구름 위를 걷는 기분이다. 아이도 마찬가지다. 부모도 사람인지라 문제투성이지만, 아이는 내가 공을 차면 축구선수로, 피아노를 연주하면 피아니스트로, 볶음밥 하나 뚝딱 해주면 스타 셰프로, 책 읽으며 공부를 알려주면 박사로 우러러본다. 그렇기에 나의 반응 하나하나에 특별한 의미를 두는 것이 아닐까.

그런데 그런 아이의 마음을 알면서도, 그 바람을 채워주지 못할 때가 있다. 한창 일을 하고 있거나, 바쁘게 움직이며 집을 치우고 있는데, 시도 때도 없이 장기 자랑을 해대면 피곤하기도 하다. 아이들은 아직 미숙하니 그런 눈치를 가질 수가 없다. 그저 내가 단조롭고 무뚝뚝하게 대응할 뿐이다.

"아빠 지금 너무 바쁘거든? 이따가 보여줄래? 아니면 엄마한테 보여주렴."

"응, 봤어. 다 봤다. 너무 잘하네."

"그림이랑 만들기는 아빠 책상에 둬. 나중에 볼게."

그러면 아이는 "힝…. 아빠 나빠!" 이 한마디 하고, 입을 삐쭉 내밀며 토라진 채, 쓸쓸히 퇴장한다. 마치 내가 밥을 주지 않은 것처럼, 놀아주지 않은 것처럼, 사랑하지 않고 외면한 것처럼.

바쁜 탓도 있지만, 아이 행동이 점점 익숙하게 다가온 것 같다. 연인 간의 불꽃 같은 열애도 차가운 세월에 서서히 식어가듯. 예전에는 아이의 작은 변화도 포착하고 방방 뛰었는데, 어느덧 무감각해진다. 세 아이를 연거푸 키우면서 걷고, 뛰고, 말하는 것이 지극히 당연해 건조하게 다가왔다. 아낌없이 주던 감탄이, 지적과 잔소리로, 평가로 점차 변질하기도 했다. "아직도 이것밖에 못 하니?", "몇 번을 이야기하니?", "그 정도는 다른 아이들 다 해"라는 말과 함께. 이러한 변화는 아이와 부모의 관계도 멀어지게 하는 것 같다.

부모에게 평생 인정받고 싶을 그 아이는 얼마나 당혹스러울까. 얼마나 공허할까. 얼마나 서운할까. 배반당한 느낌일 것이다. 자기 이름을 연호하며, 응원봉을 흔들며, 핸드폰을 수시로 들이밀며, 잠시도 떨어지지 않았던 극성팬이었는데, 갑자기 팬심을 버리더니 비교하고 평가하며 잔소리 폭탄까지 던지니 말이다.

✻

외국인 신분이지만 국내에서 왕성히 활동하는 한 가수가 있다. 그는 수려한 외모와 여러 악기를 다루는 뛰어난 재능으로 대중의 관심을 한 몸에 받았다. 하지만 한국 문화와는 조금 결이 다른 언행 때문에 아쉽게도 뭇매를 맞기도 했다. 그래도 꿋꿋하게 적응하고 헤쳐나가며 한국 연예계 활동을 이어갔다. 그런 그가 한 예능에서 본국, 그의 고향에서의 생활을 촬영했다. 그곳에서 그는 12년 만에 바이올린 선생님을 만났다. 선생님은 그를 보자 두 팔을 벌리며 이렇게 외쳤다.

"오 마이 슈퍼스타!" Oh! My Superstar!

먼 타국이었고, 외국인이었고, 현장도 아닌 TV로 봤는데, 나는 그의 외침에 울컥했다. 외국인으로 낯선 언어와 문화 속에서 놀림과 구박을 받던 그가, 선생님에게는 슈퍼스타였다. 그리고 나도 누군가에게 저런 찬사가 듬뿍 담긴 표현을 들어본 적이 있나 생각도 했다. 없었던 것 같다. 나도 그렇지만 한국인은 애정 표현이 서투니 이해가 된다. 그래도 그 선생님의 감탄을 예전에 듬뿍 받았으면 좋았을 것이다. 어른이 된 지금이라도 누군가가 나에게 들려준다면 정말 짜릿하고 흥분될 것이다. 그럼 우리 아이들도 저 말을 듣고 싶지 않을까?

우리 아이들은 나에게 영원한 슈퍼스타다. 이것이 아빠의 진심이다. 표현이 서툴고, 세월이 흘러 무뎌지고, 먹고살기 바쁘다는 핑계로 아이에게 이런 감탄을 먹이지 못할까 봐 걱정이 된다. 그래서 당장 지금에 충실하고 집중해야 한다. 아이의 작은 몸짓, 변화, 성장에, 아니 지금 내 앞에 생명을 뿜고 있다는 사실에, 감탄하고 또 감탄해야 한다. 평가와 비교, 질책을 내려놓고, 때로는 바보처럼, 때로는 팔불출처럼, 때로는 극성팬처럼 아이를 슈퍼스타로 열광해 줘야 한다. 그리고 10년, 20년, 30년이 지나 아이가 징그러운 어른이 되었더라도, 우렁찬 목소리로 이렇게 외쳐주는 아빠가 되고 싶다.

"언제나 넌 나의 슈퍼스타야!"

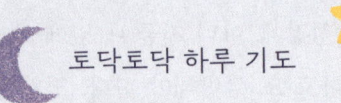

토닥토닥 하루 기도

하나님 아버지, 자녀를 바라보며 하나님이 행하신 위대하고 탁월한 창조를 경험합니다. 또한 이 작은 생명에 담아주신 하나님의 섭리와 성품을 발견합니다. 찬양과 높임 받기에 합당하신 하나님, 가정과 교회와 이 땅에 하나님 나라가 임하도록 아이를 크고 넓게 사용하여 주시고, 주님이 모든 영광받아 주소서.

아이의 성장을 마주할 때마다, 육신과 영혼이 하늘과 땅으로 뻗어 나갈 때마다, 부모로서 힘 있는 감탄으로 반응하고 화답하게 하소서. 그래서 아이가 영혼이 풍요롭고 부모의 사랑을 흡족히 누리게 하소서. 세상의 인정을 구걸하며 떠돌지 않게 하소서.

가냘픈 저의 마음도 만져주시사 아이를 향한 감탄과 환호, 응원이 마르지 않게 하소서. 아이를 처음 만났을 때의 감격과 설렘이 사라지지 않게 하소서. 아무리 삶이 버겁고 분주해도 부모로서 '너는 나에게 최고의 존재란다'는 진심을 전하게 하소서. 이 모든 간구 예수 그리스도 이름으로 기도합니다. 아멘.

**DAY 16.
헌신의 삶**

하나님에게 다 드리면, 나는 어떻게 살아?

나는 종종 아이를 축복하며, 목사 아빠로서 바라는 인생을 말할 때가 있다.

"얘야, 너는 무엇을 하든, 무엇을 갖든 하나님에게 다 드리는 인생을 살아야 해."

그러자 아이는 "네 아빠. 저의 모든 것의 주인이신 하나님에게 헌신하며 살아갈게요"라고 동화처럼 대답하지 않았다. 오히려 따지듯 대답했다.

"아빠, 하나님에게 다 드리면, 나는 어떻게 살아? 가진 게 다 없어지는 거잖아?"

"음…. 그게 말이지…."

그래, 이해를 바란 것이 내 잘못이었다. 아빠의 말문을 떡하니 막는 지극히 현실적인 대답이었다. 질문을 찰떡같이 알아듣기에는 신앙도 생각도 아직은 얕았다. 그래도 그저 그런 목사 아빠로서 내심 거룩한 고백을 원했는지, 씁쓸함과 아쉬움을 감출 수는 없었다.

아이는 교회 가는 것을 좋아하고, 교회에서 하는 율동과 공과를 즐겁게 참여한다. 감사헌금 봉투를 잔뜩 챙겨와 헌금도 매주 빠짐없이 한다. "너 하나님 사랑해?", "너 하나님 믿니?"라고 물으면 1초의 주저 없이 "응!"이라고 대답한다. 그 대답이, 그 고백이 어찌나 듣기 좋은지, 아이에게 칭찬 세례를 퍼부으며 흡족한 아빠의 마음을 감추지 못한다. 그런데 이 모든 것들이 허상이고 착각일 때가 많았다. 진지한 신앙은 없기 때문이다. 속 빈 강정, 앙꼬 없는 찐빵이었다.

어리니 어쩔 수 없다. 아직은 소풍 가듯 재미로 교회를 다닌다. 율동은 칭찬과 상을 받고 싶어, 엄마 아빠가 좋아하니 더 열심히 한다. 봉투에 돈을 넣고 헌금 주머니에 넣는 손맛(?)으로 헌금을 한다. 하나님을 믿는다는 고백은 ARS의 자동 응답 수준에 불과하다. 만약 어떤 주목과 보상이 없었다면 지금처럼 주일학교 생활을 하지 않았을 수도 있다. 여물지 않은 신앙이라 더 이상 바랄 수는 없다. 그런 아이가 하나님에게 헌신하며 살라는 목사 아빠의 설교 같은 훈화를 받아들일 리가 없다. 내가 그랬던 것처럼.

"내 꺼야 내 꺼! 내 꺼라고!"

집에서 가장 많이 들리는 아우성 중 하나다. 두 살 터울의 세 아이가 옹기종기 부대끼다 보니, 서로 쓰고 애용하는 물건이 겹친다. 첫째와 둘째는 자매인지라 이 문제로 자주 다툰다. 관심 없던 물건도 누구 한 명이 집으면 끼어들고 뺏고 싶어 하는 희한한 심리가 있다. 세 아이 모두 식탐도 강하다. 먼저 먹지 않으면 국물도 없는 포식자들 사이에서, 하나라도 더 먹고자 계발된 능력이다. 이렇게 '내 꺼' 챙기기 바쁜 아이들한테 "하나님께 다 드리는 인생을 살아라"고 말했으니, 씨알도 안 먹힌 것이다.

그런데 가만 보자. '내 꺼'라고 고개를 꼿꼿하게 세우며 다투는 이들에게, 진짜 제 힘으로 얻은 자기의 것이 있을까? 눈 씻고 찾아봐도 없다. 모두 부모에게서 나온 것이다. 그들은 값없이 받았을 뿐이다. 따라서 감사함으로 받고 슬기롭게 배려하고 나눠야 바람직하다. 그래서 나는 음식이나 물건으로 분쟁이 발발할 때마다 아이들을 집합한 후 이렇게 매듭짓는다.

"다 아빠가 사준 거야. 싸우지 말고 내놔."

이 광경이 하나님 앞에서의 나, 그리고 우리의 모습이 아닐까 싶다. 욥의 고백처럼, 우리는 알몸으로 나와 알몸으로 주님에게 돌아간다. 애초부터 빈손이었고, 우리 손에 들린 것은 모두 하나님에게서 나왔다. 그런데 우리는 계속 '내 꺼!'라고 주장한다. 교회에서 헌신할 때도 마치 '기분이다! 내가 오늘 한턱 거하게 쏜다!'라는 기고만장한 자세를 취하며, 자신의 존재감을 내뿜는다. 그리고 예수님은 그러한 우리를 부끄럽게 만들기 위해 한 과부를 무대 위로 올리신다.

> 또 어떤 가난한 과부가 두 렙돈 넣는 것을 보시고 이르시되 내가 참으로 너희에게 말하노니 이 가난한 과부가 다른 모든 사람보다 많이 넣었도다(눅 21:2-3).

하필 부자들이 헌금을 한 후 과부가 두 렙돈을 헌금했다. 부자와 과부는 차림새부터 달랐을 것이고, 과부는 헌금도 겨우 두 렙돈을 드렸기에 얼핏 보아도 비교됐다. 렙돈은 당시 통용되던 최소 가치의 화폐였다. 데나리온의 1/100의 가치로 보잘것없는 동전 두 닢이었다. 지금으로 환산하면 천 원쯤 됐을까? 다 큰 성인이 내는 헌금으로는 민망한 액수였다. 하지만 예수님의 평가는 반전이었다. "가난한 과부가 다른 모든 사람보다 많이 넣었도다!"라고 하셨다. 왜 그렇게 말씀하셨을까?

과부는 그 가난한 중에서 자기가 가지고 있는 생활비 전부를 넣었느니라 하시니라(눅 21:4).

과부에게 생활비는 '전 재산'이었고, '생명'이었다. 당시 외식(外飾)하고 과시하는 종교 지도자들과 달리, 내일을 포기한 채, 주저함이나 인색함 없이 전부 드렸다. 하나님이 모든 것을 주셨기에, 하나님에게 드리는 것이 기쁘기에, 그는 주저 없이 생명을 드린 것이다. 그래서 예수님은 금액이 아니라 그 마음을 크게 칭찬하신 것이다.

나처럼 모태신앙으로 자라고 있는 아이들을 보며 염려하는 것이 있다. 그것은 '감격 없는 구원', '의무와 습관만 있는 헌신'이다. 나는 어릴 때 찬양하고 기도할 때 우는 친구들을 이해하지 못했다. 예배는 나에게 일상이자 습관에 지나지 않았다. 설교 때 배운 십일조를 못 해서 아쉬워하고, 헌금이 너무 하고 싶어서 부모님 몰래 준비해 오는 친구를 유난이라 생각했다. 나에게 십일조는 세금 같은 의무였다. 적어도 그때는 형식과 외식뿐인 서기관, 바리새인과 진배없었다.

우리 아이들은 그런 나의 전철을 답습하지 않기를 바랄 뿐이다. 나 같은 죄인을 살리신 구원의 은혜에 감사하며, 그리스도를 내어 주신 하나님에게 자신의 생명을 기꺼이 바치길 바랄 뿐이다. 그리고 <내 삶 드리리> 찬양의 가사가 아이의 삶에 깊이 배었으면 좋겠다.

    소망 없는 내 삶에 새 생명 허락하신
    날 향한 주님의 은혜 놀라운 주님의 사랑
    삶의 문제 힘겨워 눈물만 드릴 때도
    날 안아주시는 주님 한없는 주님의 사랑

    나 찬양하네

    나의 믿음 주께 드려 나의 삶이 주를 향해
    내 유일한 사랑 되신 주께 내 삶 드리리
    나의 믿음 주께 드려 나의 삶이 주를 향해
    내 유일한 사랑 되신 주께 내 삶 드리리.

받은 은혜와 사랑으로, 삶이 주를 향하고 삶을 주께 드린다는 고백이다. 찬양 속 가사에는 아쉬움을 찾아볼 수 없다. 드릴 수 있다는 사실을 놀라워하며 그 삶을 허락하신 하나님을 찬양하고 있다. 아이는 아빠가 "다 드리는 인생을 살렴"이라 했을 때, "나는 어떻게 살아?"라며 걱정했지만, 헌신하는 삶 자체가 이미 축복이다. 두 렙돈에 불과한 소망 없던 삶을 드릴 수 있고, 받아주시는데, 어떻게 심장이 뛰지 않을 수 있을까!

상상하며 기대해 본다. 어릴 적 "내 꺼 내 꺼!" 외치며 아옹다옹하던 이 녀석들이, "나의 모든 것은 나를 구원하신 주님의 것입니다!", "나의 생명을 주님에게 드립니다!"라고 합창하는 것을. 하나님이 주신 모든 건강, 은사, 능력, 물질을 향기로운 헌신으로 올려드리는 것을. 그 삶을 행복해하며 자랑하는 것을. 이것 말고 목사 아빠로서 무엇을 더 바랄 수 있을까.

아빠로서 지금도, 앞으로도 절대 하지 않을 기도가 있다. 하나님에게 헌신을 놓고 거래하는 것이다. "우리 아이 좋은 대학 보내주시면 헌신하겠습니다", "우리 아이에게 건강과 물질을 주시면 평생 주를 위해 살겠습니다"와 같은 '조건부 기도' 말이다. 그분은 자신의 모든 것, 예수 그리스도를 주셨는데 어찌 그 앞에서 더 달라고 진상 부릴 수 있을까. 받은 은혜와 사랑에 비해 드릴 인생이 작고 미천해 부끄러울 뿐이다.

아빠로서 아이들의 풍요를 바라기도 한다. 공부도 잘하고, 좋은 학교도 들어가고, 넉넉한 삶을 살았으면 좋겠다. 이러한 소원이 없다면 거짓말이다. 하지만 더 크고 간절한 기도 제목이 있다. 이 모든 것을 더하시지 않더라도, 주님께서 그렇게 하지 아니하실지라도, 부하든 궁핍하든, 높든 낮든, 건강하든 약하든, 주어진 삶을 감사로 받으며, 그 모든 것을 주신 하나님에게 있는 모습 전부를 하나님에게 바치는 것, 이것이 나의 유일한 소망이다.

아이를 지으신 분이 오직 하나님이시기에!
아이를 구원하신 분이 오직 하나님이시기에!
아이에게 경배와 영광받으시기에 마땅한 분이
오직 하나님이시기에!
하나님 나라와 교회에 헌신하는 삶이 가장 큰 축복이기에!

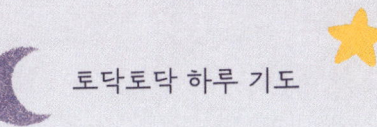

토닥토닥 하루 기도

    나의 목적, 나의 기쁨, 나의 소망 되시는 하나님, 하나님은 저에게 모든 것을 주셨습니다. 베푸신 은혜에 잇대어 주님이 허락하신 이 삶을 주저 없이, 아낌없이 바치오니, 기쁘게 받아주소서.

    하나님, 한나의 심정으로 아이를 주님에게 온전히 드립니다. 아이 인생의 참 주인이 되어주소서. 하나님의 소유, 하나님의 일꾼, 하나님의 도구로 삼아주소서. 아이가 일평생 왕이신 하나님을 경배하며, 생명과 인생을 주신 하나님을 경외하며, 두 렙돈을 드린 과부처럼 생명을 다 바쳐 주님을 섬기게 하소서. 그러한 삶을 자원하게 하시고, 기뻐하며 만족하게 하소서.

    아이의 삶으로 하나님의 일을 행하소서. 왕 같은 제사장으로서 하나님이 보내신 이 땅에서, 말씀을 전하고 교회를 세우고 이웃을 구제하게 하소서. 하나님 나라와 이 땅의 교회가 필요로 하는 헌신의 삶이 되게 하소서. 아이가 있는 그곳에 헌신의 향기가 충만하게 하소서. 생명 다해 우리를 사랑하신 예수님 이름으로 기도합니다. 아멘.

DAY 17.
서로 사랑

양보핑, 내꺼핑, 아가핑

꼭 만나고 싶은 사람이 있다. 아이 셋을 낳으면 세 배 더 행복하다고, 셋째는 알아서 크니 거저 키운다고 말한 사람을. 셋을 낳으니 육아가 30배는 더 힘들다. 셋째는 절대 알아서 크지 않았다. 첫째 둘째보다 엄마 아빠를 더 들들 볶았다. 누나들 틈바구니에서 엄마를 차지하려 막강한 생떼를 무장했다. 첫째 둘째도 이에 질세라 '어려지기 대회'를 하듯이 너도나도 퇴행을 보였다. 셋 다 엄마한테 껌딱지처럼 매달린다. 고로 손 안 가는 아이가 한 명도 없다. 매일 들썩들썩 진동하는, 바람 잘 날이 없는, 그곳은 심심할 틈 없는 우리 집이다.

삼 남매를 보면서 가장 애먹는 이유는, 셋이 서로 너무 다르다는 것이다. 지구상에 같은 DNA는 없다지만, 달라도 너무 다르다. 생김새만 비슷할 뿐 그 속은 '팥붕', '슈붕', '치즈붕'처럼 딴판이다. 한 엄마 한 아빠에게서 탄생한 이들이 맞는지 심히 의심이 된다. 그래서 그들에게 '연합'은 남북통일보다 어렵지 않을까 싶다.

그래도 아이 한 명, 한 명을 뜯어보면 재미도 있다. 140개가 넘는 캐릭터를 보유한 애니메이션 <프린세스 캐치! 티니핑>처럼 말이다. 어쩜 이리 다른지, 어쩜 이리 개성이 각기 뚜렷한지, 신묘막측하다!

첫째 아이는 '양보핑'이다. 벌써 양보 인생 8년 차다. 이제는 도가 텄다. 동생 둘 사이에서 양보를 피할 수 없어 운명처럼 받아들였다. 엄마 아빠가 첫째의 책임을 요구한 탓도 있다. 고맙게도 아이는 부모의 형편과 마음을 헤아려 줬다. 집에서 훈련이 되다 보니 유치원에서도 친구들을 아우르는 역할을 한다고 들었다. 놀이 시간에 흐름을 주도하고, 관계를 조율하고, 선생님의 기분도 포착했다. 담임 선생님이 첫째를 보조 교사라고 칭찬도 해줬다.

그런데 그 칭찬 이면에는 우려도 있었다. 아이에게서 배출되지 않은, 켜켜이 쌓인 울분이 한 번씩 터졌다. "왜 나만 양보해야 해! 얘네들은 하고 싶은 거 다 하잖아!"라면서. 겨우 버티던 둑이 무너지고 아이는 범람하는 물에 잠겨버리는 것이다.

그때는 믿었던 첫째 아이도 다독이며 수습하는 것이 상당히 어렵다. 그래서 참고 양보하는 아이의 성향이 학교와 사회에서 불편함으로 작용할까 걱정했다.

둘째 아이는 '내꺼핑'이다. "내 꺼야! 내 꺼!"라는 말을 매일 한다. 언니 것도 '내 꺼!', 자기 것은 당연히 '내 꺼!', 동생한테 물려주거나 양보해야 할 물건도 '내 꺼!'다. 둘째 특유의 경향이다. 태어나자마자 무엇이든 잘하고 어디를 가든 주목받는 여자아이가 자기 눈앞에 버젓이 있었으니, 일찍부터 경쟁을 배웠다. 요즘은 신체 발달과 운동 능력이 향상되면서 언니와 엎치락뒤치락하고 있다.

그런데 둘째의 시련은 여기서 끝이 아니었다. 귀여움의 끝판왕, 막내 남동생이 태어났으니, 다시 경쟁의 굴레에 빠져들었다. 나와 아내가 둘째에게 각별한 애정을 부어줘도 별로 소용이 없었다. 위로는 언니, 아래는 동생이라는 구도가 변치 않기 때문이다. 그래서 목청이 커지고, 고집은 세지고, 빼앗고 지키는 것을 참 잘한다. 칭찬 아닌 칭찬이다.

둘째에게도 좋은 점은 있다. 지는 것을 싫어하고, 좀처럼 자신에게 만족하지 않는다. 그 덕분인지 또래보다 월등한 구석이 있다. 말을 또박또박 잘해서 말다툼에 능하고, 한글을 이르게 깨쳐 친구들에게 알려준다. 체육 수업 때는 겁없이 달려들고 본다. 율동을 배울 때는 작은 동작도 놓치지 않고 정복한다.

그런 아이를 보면서 혀를 내두르다가도, 크게 될 녀석이라 생각했다.

막내 아이는 '아가핑'이다. 언제나 "아가 아가" 한다. 첫째 아이가 늘 형님처럼 보인다면, 막내는 늘 아기처럼 보인다. 마냥 귀엽다. 막내라서 특별히 바라는 것도 없다. '건강하게만 자라다오' 마인드다. 부모의 욕심과 부담을 받지 않다 보니, 아이는 늘 해맑고 편해 보인다. 양보도 경쟁도 하지 않고, 기대와 요구를 받지 않고, 홀로 사랑과 평화가 충만하다. 형제 많은 가정의 막내들이 성격이 왜 그렇게 둥글둥글한지 알 것 같다.

하지만 막내는 혼자 무언가를 익히고 해내는 것이 더디다. 막내라 아가처럼만 보이니, 울면 서로 달려가기 바쁘다. 포크질이 안 되면, 장난감이 필요하면, 물이나 간식을 먹고 싶으면, 네 명의 보호자를 시도 때도 없이 호출한다. 부모와 누나들의 보살핌에 익숙해져 있다. 그래서 막내에게는 '과연 나중에는 혼자 할 수 있을까?'라는 초조함을 갖게 된다.

이렇게 세 아이는 각기 다른 특성이 있다. 생각, 행동, 취향, 패션, 식욕이 모두 다르다. 문제는 서로의 다름을 인정하는 아름다움을 눈곱만큼도 찾아볼 수 없다는 것이다. 셋이서 자기가 진정한 왕이며, 자기 소견만 옳다고 주장하며 다툰다. 그래서 이 집구석은 늘 시장통이고 전쟁통이다. 아담부터 대대로 내려오는 집안 다툼이 일상이다. 이 꼴을 매일 보는 아내와 나는 온유함을 구하며, '죄인 중에 괴수'를 오래 참으시는 주님의 사랑을 묵상하며 감내한다.

그래도 그들은 형제였다. 평소에는 지리멸렬하는 오합지졸이지만 위기 앞에서는 피가 물보다 진하다는 것을 본능적으로 보여줬다.

첫째는 둘째와 함께 유치원을 다녔는데, 누가 자기 동생을 조금이라도 못살게 굴면 속상해하며 나한테 이른다. 자기는 동생을 놀리고 괴롭힐 수 있어도, 다른 아이의 작은 장난은 조금도 용납하지 못하는 모양이다.

둘째는 언니 바라기다. 언니가 너무 좋아 유치원에서 친구들보다도 언니와 언니 친구들과 가깝게 지낸다. 언니가 초등학교에 올라간 후에는, 언니가 다니는 초등학교 병설 유치원으로 옮기겠다고 떼를 쓰기도 했다. 그래서 둘째가 가장 좌절하며 슬퍼하는 순간은, 언니에게 "너랑 안 놀아! 저리 가!"라는 말을 들을 때다.

막내는 '샤이 보이'다. 그러다 누나들 사이에만 있으면 개구진 본래 성향이 방출된다. 누나들만 보면 눈웃음을 발사한다. 그들도 형제는 형제였다. 보이지 않는 연합의 끈으로 단단히 묶여 있었다.

아내와 나는 삼 형제를 육아하는 것이 힘들어도, 이 형제 관계가 아이들에게 주는 최고의 선물이라 믿어 의심치 않는다.

지금은 동생, 언니, 누나 없이 외동으로 살고 싶다고 세 아이가 합창한다. 하지만 혼자 살 수 없는 인생, 단언컨대 형제만큼 단단하고 끈끈한 관계는 없다. 모두가 외면해도 형제는 그 곁을 지킨다. 모두가 손가락질해도 형제는 끝까지 대변하며 아군이 돼준다. 모두가 경쟁하며 달려들 때, 결정적인 순간에는 형제끼리 협력한다. 모두가 단점과 결점을 폭로하며 이용하려 할 때, 형제는 평생 감싸준다. 그것이 핏줄, 혈연이다.

그런 형제가 세 명의 공동체, 사회로 형성돼 있다. 삼 형제 모두가 받은 큰 축복이다. "한 사람이면 패하겠거니와 두 사람이면 맞설 수 있나니 세 겹 줄은 쉽게 끊어지지 아니하느니라"(전 4:12)는 말씀처럼, 그 무엇도 쉽게 끊어 낼 없는, 넘어뜨릴 수 없는, 강력하고 견고한 연합체가 될 것이다. 그래서 지금은 나와 아내가 고생하며 셋을 키우지만, 나중에 그 덕을 삼 형제가 볼 것이라 우리는 고대한다.

✻

이 세 겹 줄로 만난 아이들에게 아빠로서 가장 바라는 것이 있다. "얘들아, 서로 사랑하거라." 아이들이 서로 소리를 지르고 할퀴며 살벌하게 싸울 때는 속이 쓰리고 상한다. 반대로 서로 재잘거리며 떠들고, 정겹게 간식도 나눠 먹고, 서로 챙겨주고 지켜주고 도와주면, 고생해서 키운 보람이 있다.

물론 형제의 우애를 지키기 위해서는 아빠의 역할이 중요하다. 사랑의 공동체를 만들기 위해서는 먼저 사랑의 본보기가 돼야 한다. 예수님도 먼저 허리에 수건을 두르셨다. 몸을 몸소 숙이셨고, 가장 지저분한 발에 손을 대셨다. 그렇게 뜨거운 사랑을 잔뜩 부어주신 후, 그 개성 강한 제자들에게 말씀하셨다.

내가 너희를 사랑한 것 같이 너희도 서로 사랑하라(요 13:14).

예수님은 한 사람씩 발을 닦아주면서 당신의 사랑으로 그들을 '너희'로 묶으시고 연합하게 하셨다. 아이를 한 명씩 충분히 사랑해 주고, 그 사랑으로 세 아이를 초대하며, 그 사랑 안에서 연합하며, 서로에게 사랑을 실천하도록 교육하는, 그것이 아빠의 역할이 아니겠는가.

간혹 형제를 멀리하는 이들이 있다. 형제가 필요 없다는 뜻이 아니다. 그 안에서 사랑을 경험하지 못했던 것이다. 그래서 아빠는 아이들 함께 헤엄치며 노는 '관계'라는 수조에 맑고 깨끗한 '사랑'을 콸콸 부어줘야 한다. 언제든지 모여서 놀고 쉬며, 사랑할 수 있도록.

하나님의 섭리 안에서 각기 다른 모양으로 지어진 삼 남매가, 한 부모, 한 몸에서 나온 한 형제라는 그 은혜로운 역사를 기억하길 바란다. 언젠간 부모를 떠나 험난한 홀로서기를 할 텐데, 아이들이 형제의 연합을 떠나지 않았으면 좋겠다. 그 연합 안에서 서로의 필요를 나누며, 떡을 떼고 기도하며, 세상에서 찾을 수 없는 위로와 사랑을 누렸으면 좋겠다. 천사가 저 아름다운 연합과 동거함에 심히 질투할 정도로(시 133:1).

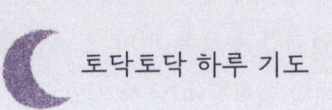 토닥토닥 하루 기도

영원한 사귐으로 우리를 초대하신 하나님, 그리스도의 몸 된 공동체로 이 가정을 세워주시니 감사합니다. 이 가정은 주님의 나라, 주님의 교회입니다. 진리와 사랑 안에서 하나가 되게 하시고, '나'가 아닌 '우리'로 더불어 살아가게 하소서.

하나님, 우리 아이에게 귀한 형제를 허락하셨습니다. 생각도 성향도 모든 것이 다른 아이들이, 한 가족이며 한 몸으로 부름을 받았다는 것을 알게 하소서. 하나님의 섭리로 만난 이 가정을 감사하시고, 이 공동체 안에서 사랑을 배우고 나누게 하시고, 인생에 필요한 힘과 위로를 얻게 하소서.

형제의 연합 속에 사랑을 부어주는 부모가 되기 원합니다. 예수님처럼 먼저 사랑하며 사랑의 본이 되게 하시고, 아이들이 그 풍족한 사랑을 머금으며 형제의 연합을 기대하고 즐거워하게 하소서. 사랑이신 예수님 이름으로 기도합니다. 아멘.

3부

육아에서 캐낸 일곱 가지 보석

DAY 18.
기적

여보! 소유가 쓰러졌어!

박완서 작가의 「한 말씀만 하소서」(세계사)를 읽은 기억이 있다. 자식을 잃은 참척의 비통한 심정을 써낸 작가의 일기다. 고작 25년의 세월을 산 청춘, 의사로서 앞길이 창창했던 아들이었기에 그는 분개하며 신에게 거칠게 따져 물었다. 모든 것을 잃어 무너져 버린 어미를 달랠 방법은 아들의 환생 외에는 없어 보였다. 안온하고 고즈넉한 수녀원도, 초라하고 소박한 나무 십자가도, 그의 분노를 가라앉힐 수는 없었다.

나는 주님과 한번 맞붙어 보려고 이곳에 이끌렸고, 혼자돼 보기를 갈망했던 것이다. 주님, 당신은 과연 계시는지, 계시다면 내 아들은 왜 죽어야 했는지, 내가 이렇게까지 고통받아야 하는 건 도대체 무슨 영문인지, 더도 말고 덜도 말고 한 말씀만 해보라고 애걸하리라. 애걸해서 안 되면 따지고 덤비고 쥐어뜯고 사생결단을 하리라. 나는 방바닥으로 무너져 내렸고 몸부림을 쳤다.

당시에는 이 책을 필독서로 접했다. 감명 깊었지만, 소설처럼 읽었던 것 같다. 어린 나에게 나의 일도, 남의 일도 아니었다. 그런데 어느덧 아빠가 된 나에게도 이 섬뜩한 비극이 눈앞으로 불쑥 다가온 날이 있었다.

수요 예배를 준비하고 있었는데, 핸드폰 진동이 그날 유독 요란하게 울렸다. 전화한 사람은 아내, 예배 시간을 모를 사람이 아니었다. 순간 불길한 예감에 휩싸였고, 서둘러 전화를 받았다. 파르르 떨리는 입술을 떼며 무슨 일인지 물으려 하는데, 아내는 소리 지르며 울부짖었다.

"여보!! 소유…. 소유가 쓰러졌어!! 소유가 의식이 없어!!"

아내는 실성한 듯했고, 나도 충격을 받아 자초지종을 묻지 않고 집으로 다급히 뛰어갔다. 집에는 믿을 수 없는 일이 펼쳐져 있었다. 아이 입에는 피가 흐르고 있었다. 눈은 초점을 잃었고, 팔다리는 힘없이 늘어져 있었다. 아내는 그런 아이를 부둥

껴안고 "하나님 우리 아기 살려주세요!"라며 하염없이 통곡하고 있었다. 집에 들어가면 천사처럼 뛰어와 안기던 나의 딸이, 아빠가 왔는데 눈을 뜨지도, 말을 하지도, 몸을 움직이지도 못하고 있었다.

아이를 살려야 한다는 마음에 필사적으로 정신을 붙잡았다. 아이의 뺨을 치면서 이름을 불렀다. 침착하게 코와 가슴에 귀를 대보았다. 다행히 호흡을 하고 있었다. 119에 신고했고, 아이가 열이 치솟아 해열제를 먹었는데 갑자기 쓰러졌다고 아내는 말했다. 그렇게 구급차를 기다렸다. 천 년, 만 년처럼 길게 느껴졌다.

가혹했던 인고의 시간이 흐르고 구급차가 도착했다. 쓰러진 아이를 품에 안고 구급차로 향하는데 여전히 믿기지 않았다. 제발 꿈이길 바랐다. 그때였다. 구급차를 타기 전 아이 몸에 힘이 붙고 있다는 것이 느껴졌다. 아이가 늘어졌던 팔과 다리를 조금씩 움직였다. 얼른 구급차에 아이를 태우고 불렀다. 아이는 희미하게나마 눈을 뜨고 신음했다.

"소유야, 정신이 드니? 나 누군지 알겠어?"

"응…아빠…. 여긴 어디야?"

"구급차야. 소유가 쓰러졌어.

(손가락 두 개를 보이며) 소유야 이거 몇 개니?"

"두…개."

그제야 안심이 됐다. 아이는 다시 잠이 들었고, 나는 대학병원까지 딸의 손을 꼭 잡은 채 안도의 눈물을 흘렸다. 살면서 그렇게 울어본 적이 없었다. 그동안 대학병원 응급실은 남의 집 이야기였다. 흔한 장염, 고열도 없었던 아이다. 그러던 아이가 구급차를 타고 응급실에 가다니, 예상하지 못한 만큼 그 여파가 쉽게 가시지 않았다.

코로나 PCR, 혈액, 엑스레이 등 여러 검사를 했다. 결과는 모두 말끔한 정상으로 나왔고, 진단은 '소아 열성경련'이었다. 생후 9개월에서 5세의 소아가 고열을 견디지 못하고 경련하는 것으로, 흔한 질환이라고 한다. 대부분 경련 후 의식을 찾고 이상 없이 잘 큰다고 했다. 의사 선생님의 담담한 설명을 들었지만, 진정은 되지 않았다. 붉게 물든 눈은 돌아올 새가 없었다. 아이와 이별할 수 있다는, 가혹한 공포가 이미 나를 덮쳤기 때문이다.

✽

주일학교 시절, 아브라함이 이삭을 드린 본문으로 공과가 진행되던 때였다. 당시 선생님은 이런 질문을 아이들에게 던지셨다.

"나도 아브라함처럼 이삭을 하나님께
주저 없이 바칠 수 있는 사람, 손들어 볼까?"

전래 동화의 교훈처럼 다가왔다. 누구나 아브라함처럼 해야 하고, 나도 할 수 있다고 받아들였다. 그런데 지금은 아니다. 오히려 강한 의문이 든다. 어떻게 아브라함은 100세에 얻은 독자 이삭을 번제로 드릴 수 있었을까. 그리고 요셉을 잃어 스올로 쫓아가려 했던 야곱은 어떻게 삶을 살 수 있었을까. 어떻게 하나님은 예수님을 십자가에서 처참하게 죽이실 수 있었을까. 정의할 수도, 표현할 방법도 없어 그저 '참척'(慘慽)이라 부르는 자녀의 죽음이란다. 다시는 우연이라도 스치고 싶지 않다.

왕이었던 다윗도 아들 압살롬의 죽음 앞에 속절없이 무너졌다. 그는 아비로서 불행했다. 아들 압살롬에게 반역을 당했기 때문이다. 압살롬은 아버지를 향한 증오를 품고 반역에 성공했고, 진심으로 왕이 되고자 했다. 이를 알았던 다윗은 압살롬을 두려워했고, 황급히 도망하며 맨발로 눈물의 피난길에 올랐다. 압살롬은 다윗의 성과 백성들, 후궁들을 약탈하며 악랄하게 아버지를 심판했다.

그러나 전세가 역전됐다. 압살롬에게는 패배의 기운이 드리웠다. 이제는 다윗이 압살롬을 심판할 차례였지만, 전투를 앞둔 왕이 아닌 '아들의 아비'로서 번민에 빠진다. "나를 위하여 젊은 압살롬을 너그러이 대우하라"(삼하 18:5). 다윗의 명령에서 그의 참담함을 읽을 수 있다.

그러나 불운인지 행운이지 노새를 타고 가던 압살롬의 머리가 상수리나무에 걸리고 말았다. 이를 발견한 요압은 용사로서 칼을 빼들었고, 압살롬의 심장을 가차 없이 찔렀다. 이 소식을 아비 듣게 된 다윗은 더 이상 반역을 제압한 왕이 아니었다. 평범한 아비였다. 그래서 왕의 자리에서 내려와 아비로서 절규했다.

왕의 마음이 심히 아파 문 위층으로 올라가서 우니라 그가 올라갈 때에 말하기를 내 아들 압살롬아 내 아들 내 아들 압살롬아 차라리 내가 너를 대신하여 죽었더면, 압살롬 내 아들아 내 아들아 하였더라(삼하 18:33).

누군가는 꼴좋다고, 한시름 놓았다고, 사필귀정이라고, 압살롬의 죽음을 고소하게 보았을 것이다. 하지만 다윗은 아비로서 그렇지 못했다. 사람들은 압살롬을 반역자, 불효자, 범법자로 바라보았지만, 다윗에게는 여전히 사랑스럽고 귀한 아들이었다. 그래서 다윗은 아들의 죽음 앞에서 압살롬의 이름을 계속 불렀다. '내 아들'이라 부르면서. 압살롬이 죽은 그날, 모두가 승리의 기쁨을 만끽할 때 다윗 홀로 죽음의 골짜기를 지나고 있었다. 아들이 막돼먹은 망나니 같아도, 아들은 아들인 것이고, 그 아들의 죽음 역시 참척의 슬픔이었다.

탕자의 아버지도 그랬다. 아버지의 재산을 시원하게 탕진하고 거지꼴로 돌아왔지만, 아버지는 그를 보고 마냥 기뻐했다. 들고 나간 재산에 대해서는 묻지도 않았다. 눈을 흘기지도 않았다. 그동안 쌓인 묵은 감정을 분통해하며 표출하지도 않았다. 꽉 끌어안아 줄 뿐이었다. 최고의 선물과 잔치까지 안겨줬다. 자녀가 오늘 내 앞에 있다는 것이 부모에게는 가장 큰 기쁨인 것이다.

자식이란, 나보다 더 잘돼야 하고, 나보다 더 오래 건강하게 살아야 한다는, 부모의 염원을 지닌 존재다. 그런 자녀가 병들고, 죽음에 가까워지고, 죽음에 다다른다면, 제정신으로 살 부모가 어디 있을까. 박완서 작가처럼 두 팔 걷어붙이고 신과 세상을 향해 주먹질과 삿대질을 하는 것이 지극히 정상 아닐까.

먼저 하늘의 별이 돼버린 어린 딸을 그리워하는 한 엄마가 있었다. 딸이 너무 보고 싶어 하늘에 말을 걸고 손을 흔들며 하루하루를 살았다. 그 엄마에게 선물이 찾아왔다. MBC의 <VR 휴먼다큐멘터리─너를 만났다>의 기획으로 가상현실에서 딸을 만날 수 있게 된 것이다.

엄마가 VR 장비를 착용하자 특수 기술로 구현된 딸이 쪼르르 엄마에게 달려나왔다. 특수 기술로 아이의 형체와 행동, 목소리까지 구현됐다. 엄마는 다시 만난 아이 앞에서 흐느껴 울었다. "예쁘고 사랑스러운 너가 보고 싶고 그리웠다"라고 말도 해줬다. 잠깐이었지만 아이와 꿈만 같은 시간을 보냈다.

하지만 더는 불가능했다. 엄마는 아이를 쓰다듬어 보고 팔을 휘저어도 보았지만 만질 수 없었다. 아무리 불러도 딸은 반응하지 않았다. 무엇보다도, 현실에서는 딸이 여전히 없었다. 그래서 보는 내내 마음이 더 아팠다. 눈물이 앞을 가려 영상을 멈추고 또 멈추어 가며 끝까지 겨우 보았다.

아이의 첫 열성경련을 겪고 나서야, 나는 뼈저리게 깨달았다. 지금 내 앞에 아이가 살아있다는 것은 결코 당연한 일이 아님을. 아이의 보드라운 살갗을 느낄 수 있다는 것, 동그란 눈을 바라보며 눈맞춤 할 수 있다는 것, 도란도란 대화할 수 있다는 것, 어리광을 피우며 나를 귀찮게 구는 것, 모두 아이가 살아있어 가능한 기적이었다.

이 사실을 너무 자주 잊는 것 같다. 아이를 보며 오롯이 기뻐하지도, 감사하지도 못했던 것 같다. 다시 한번 기억하리라. 아이의 존재는 당연한 것이 아니라는 것을. 다시 한번 감사하리라. 주님의 은혜로 오늘도 아이가 살아있다는 것을.

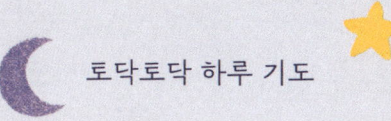
토닥토닥 하루 기도

생명의 주관자이신 하나님, 오늘도 하나님이 만드신 세계에서 호흡하고 느끼며 살아가게 하시니 감사드립니다. 이 모든 것은 저의 힘으로 얻은 것이 아닙니다. 오직 주님의 은혜로 주어진 것입니다.

오늘도 가정에서 아이가 건강히 먹고, 자며 활기를 갖게 하시니 감사합니다. 아이의 살갗을 만지고 느낄 수 있어서, 아이와 눈을 맞추며 정겹게 대화할 수 있어서, 아이의 어리광을 받아줄 수 있어서 하나님에게 감사드립니다. 저에게 주신 기적이자 선물이라는 것을 겸허히 고백합니다.

아이와 함께하는 이 하루를 무의미하게 흘려보내지 않게 하소서. 일상을 새롭고 특별하게 바라보는 영적인 눈을 주시고, 매일매일 주신 은혜에 감사하고 기뻐하는 마음을 주소서. 무엇보다도 아이를 눈동자와 같이 세심히 보호하시는 하나님을 발견하여, 평강을 누리게 하소서. 우리의 생명이 되어주신 예수님 이름으로 기도합니다. 아멘.

DAY 19.
생명력

다시 살아갈 기운을 얻어요

첫째 아이가 태어났을 때는 아빠로서 모든 것이 서툴렀다. 아이를 품에 안기, 씻기고 재우기, 먹이고 입히기 등등, 무엇 하나 똑바로 하지 못했다. 아이에게 말 거는 것조차 어색했다. 첫째가 태어나기 전 주변 사역자들, 성도들에게 육아에 대한 조언을 자주 구했었다. 예습하는 모범생처럼 들으며 배웠다. 잘할 수 있을 것 같았고, 잘할 것 같다는 소리도 들었다. 그런데 실전은 확연히 달랐다. 군대 경험담을 아무리 많이 들어도 막상 입대하면 어리바리한 이등병이 되듯이 말이다.

그래서 즉시 결심했다. 조리원에서 하는 모든 수업을 모조리 참여하겠노라고. 당시에는 남편이 조리원에서 함께 지낼 수 있었다. 마침 교회에서 휴가까지 충분히 받았다. 그리고 무엇을 하든 철저하게 배우고 이해하며 해내는 성향이어서, 육아도 남다른 학구열로 임했다. 갓 태어난 아이를 보느라 지쳐 모두가 침실에만 있어도, 나는 열혈 학생으로 수업을 들었다. 물론 참석자 중 아빠는 항상 나 혼자였다. 조리원 선생님과 산모분들이 얼마나 부담스러웠을까. 그래도 교과 과정처럼 정석으로 배울 수 있어 유익하고 보람된 시간이었다.

수업 중 지금까지 여운이 짙게 남아있는 선생님의 말씀이 있다. 아이가 아니라 부모에 대한 짤막한 말씀이었다. 아이를 씻기는 수업 시간이었다. 물의 적정 온도와 아이를 안전하게 받쳐주는 방법을 배웠다. 모형 인형을 사용하며 실습했다. 수업이 막바지에 이르렀을 때, 선생님은 인형을 수건으로 감싸며 진짜 아기를 대하듯 사랑스럽게 바라보시더니, 이런 말씀을 하셨다.

"이 작고 여린 아이가요, 힘이 없어 보이잖아요?
그런데 신기해요. 아이를 안고 있으면요, 힘이 생겨요.
살아갈 힘이요. 여기 계신 분들도 느낄 때가 올 거예요.
사는 게, 아이를 키우는 게, 어렵고 힘겹다가도 아이를 안으면 다시 살아갈 기운을 얻는다는 것을요. 그게 생명의 힘이랍니다."

지금까지 아로새겨져 있는 선생님의 말씀, 생생히 실감하며 살고 있다. 아내랑 종종 이런 이야기를 한다. "우리 부부가 만약에 아이를 낳고 양육하지 않았다면 지금처럼 보다 나은 사람으로 성장할 수 있었을까?", "지금처럼 끈기를 갖고 도전하고 부딪힐 수 있었을까?", "지금처럼 성실하게 맡겨진 자리를 버텨낼 수 있었을까?"라고. 우리 둘은 대답 대신 고개를 절레절레 흔든다. 서로의 철없던 올챙이 시절을 훤하게 알고 있다. 부정할 수 없다. 우리 품에 있는 아이들이 우리를 성장시켰고, 버티게 했고, 이겨내도록 했다.

※

 요셉을 통해 애굽에 입성한 이스라엘은 수백 년을 지나며 번영했다. 이스라엘에게는 축복이었지만, 애굽에게 미운털이 박혔다. 제국을 위협했기 때문이다. 그래서 애굽은 이스라엘을 박해하기 시작했다. 그 축복이 재앙의 단초가 돼버렸다. 이스라엘은 노예가 되어 학대와 혹사를 당했다. 애굽은 그래도 모자랐는지 더 비열한 카드를 꺼내들었다. 산파들을 협박해 이스라엘의 갓 태어난 남아를 모두 죽이라로 한 것이다.
 어른을 죽일 듯 괴롭히는 것은, 그래도 참아냈을 것이다. 하지만 작디작아 눈에 넣어도 아프지 않을 아이에게, 칼을 겨누는 것은 그야말로 생지옥이었다. 그리고 그 공포가 얼마 전 아들을 낳은 요게벳에게도 달려오고 있었다.

출산 후 몸을 챙길 겨를도 없었다. 엄마로서 아이와 충분히 교감할 수도 없었다. 보아도 보아도 또 보고 싶은 그 예쁜 아이를 덮고 숨기기 바빴다. 발각되면 아이가 즉각 처형당할 위기였지만 요게벳은 포기하지 않았다. 자신도 화를 입을 수 있었지만 두려워하지 않았다. 오직 아이를 살린다는 집념만 있을 뿐이었다. 흐르는 눈물을 옷소매로 닦아가며, 새어 나오는 통곡을 신음으로 참으며, 무너지는 마음을 붙잡았을 것이다.

이윽고 아이를 갈대 상자에 누였고, 나일강 갈대 사이에 두었다. 어떻게 됐을까? 하나님은 상자 안에 있는 연약한 아이를 보호하셨다. 바로의 딸, 공주의 손에 맡기셨고, 엄마 요게벳을 아이의 유모가 되게 하셨다. 요게벳은 끝끝내 아이의 생명을, 아이의 곁을 지켰다. 요게벳은 연약한 여인이 아니었다. 제국의 살육 앞에서도 굴하지 않는 강인하고 위대한 엄마였다. 아이가 요게벳을 그렇게 만든 것이다.

<노웨어> Nowhere, 2023 는 요게벳의 이야기와 오버랩되는 영화다. 자원이 고갈되던 제국은 인구를 억제하기 위해 임산부와 어린아이를 무자비하게 사살하기 시작한다. 니코(타마르 노바스 분)와 미아(안나 카스틸로 분) 부부는 국가의 폭력으로 이미 딸 하나를 잃었다. 배 속에 아이 한 명이 더 있었고, 아이를 지키

고자 탈출을 꿈꾼다. 사회는 통제 불능의 상태였고, 컨테이너 화물에 숨어 바다를 건널 계획을 세웠다. 혼돈 속에서 미아는 컨테이너에 겨우 몸을 숨겼지만, 유일한 가족이자 보호자였던 남편 니코와는 생이별하게 된다.

바다를 유랑하는 컨테이너 안에서 미아는 죽음을 향해 침몰하고 있었다. 남편도, 음식도, 생존에 필요한 도구도, 무거운 몸을 누일 잠자리도 없었다. 그는 그렇게 삶을 포기하고 있었다. 그때, 미아는 아이의 태동을 느낀다. 배 속에서 잠잠하던 딸 노아가 엄마를 부른 것이다.

그때부터였을까. 미아는 보호가 필요한 아내가 아니었다. 제국의 총구를 피해 도망하던 여인이 아니었다. 한 아이의 엄마였다. 미아는 필사적으로 음식을 찾아 먹었다. 아이를 재우고 지킬 요람도 만들었다. 이후에 컨테이너에서 아이를 낳아 태반을 먹을 정도로 굶주렸고, 온몸에 물과 피로 젖었지만, 삶을 포기하지 않았다. 컨테이너가 난파된 순간에도, 작은 뗏목 위에서 바다를 떠다닐 때도. 그가 죽으면 아이도 죽기 때문이다.

그러던 미아도 거듭된 시련을 거치며 결국 한계에 다다랐고, 생명은 점점 희미해져 갔다. 그는 아이와의 작별을 예감했다. 그래서 마지막으로 아이를 쓰다듬으며, 이런 말을 남겼다.

곧 육지야. 조금만 더 가면 돼. 거의 다 됐어. 조금만 더 버티면 돼.

조금만 더. 우리 얘길 해주자. 사람들은 안 믿겠지만 다 사실인걸. 우린 포기하지 않았어. 최선을 다했어. 네가 날 구했단다. 네가 내 목숨을 구했어. 용서해 줘. 너무 두려웠단다. 하지만 네 덕에 강해 졌지. 최선을 다했어. 그렇지? 최선을 다했어. 할 수 있는 건 다했어.

요게벳도 미아도 모두 아이를 지킨 위대하고 강인한 엄마였다. 하지만 아이가 엄마를 지킨 것인지도 모른다. 아이라는 작은 '생명'이 엄마에게 살아가고 버티고 이겨낼 수 있는 '생명력'을 준 것이다. 고(故) 이어령 박사는 사람의 배꼽을 보며 "내가 타인의 몸과 연결돼 있다는 유일한 증거"라고, "타인의 몸과 내가 하나였다는 것, 이 거대한 우주에서 같은 튜브를 타고 있었다는 것. 배꼽은 그 진실의 흔적이다"라고 말했다.

그렇다. 아이랑 엄마는 하나의 몸이었다. 아이는 엄마로부터 양분을 공급받았다. 그리고 이제는 그 아이가 부모에게 삶이 힘과 의지를 불어넣어 주고 있다. 부모와 아이는 이제 분리됐지만, 여전히 서로 생명을 주고받고 있는 관계다.

사랑은 죽음같이 강하다(아 8:6). 그래서 부모는 강해진다. 이기적이고 나약하고 고약했던 두 청년이 결혼을 하고, 갑작스레 엄마와 아빠가 됐다. 허둥대며 서툴렀지만, 점점 부모의 모습을 갖추어 간다. 그래서 예전이었으면 벌써 도망쳤을 텐데,

진작 포기했을 텐데, 울며불며 후회하고 원망했을 텐데, 그러지 않는다. 지켜야 하는 생명을 지닌 엄마니깐, 아빠니깐.

나도 아이를 품에 안으며 힘을 얻어왔다. 아이가 나를 어엿한 어른으로, 부모로, 하나님의 사람으로 살아가고 자라가도록, 이 엄혹한 인생을 버티도록 도와줬다. 나를 구해준 아이들에게, 나에게 생명을 준 아이들에게, 나에게 수많은 자극과 영감을 안겨준 아이들에게, 참 고맙다.

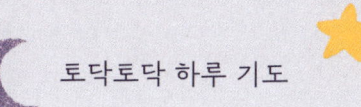

토닥토닥 하루 기도

　선한 목자이신 하나님, 어리고 철없던 저에게 가정과 자녀를 맡겨주시고, 감당할 힘을 주셨습니다. 그 은혜에 감사를 올립니다. 여전히 부족한 저이기에 주님의 공급과 만져 주심이 필요합니다. 주님의 돌보심 안에서 거룩하고 성숙한 부모가 되게 하소서. 그래서 날마다 부모로서 힘차게 도약하며 비상하게 하소서.

　하나님은 아이 안에 많은 것을 담아주셨습니다. 아이의 생명을 지키는 보호자이지만, 아이로부터 생명력을 얻습니다. 그래서 아이를 품에 안을 때마다 저의 영혼이 살아납니다. 고난을 헤쳐나갈 힘과 위로를 얻습니다. 하나님의 섭리로 예비하신 은혜입니다.

　그래서 주님, 아이를 보면서 강인하고 떳떳한 부모로 살아가게 하소서. 포기하지 않고 전진하게 하시고, 겁먹지 않고 부딪히게 하시고, 후회하지 않고 감사하게 하셔서 승리하는 부모가 되게 하소서. 우리의 힘과 능력이 되어주시는 예수님 이름으로 기도합니다. 아멘.

DAY 20.
믿음의 유산

나 발레학원 가고 싶어

'낮은 출산율'을 논할 때마다 등장하는 단골 이슈는 '높은 사교육비'다. 자녀 교육에 관한 열정만큼은 대한민국 부모가 '월드 클래스'다. 우리나라 사교육 시장이 이를 증명해 준다. 다채로운 학원이 즐비해 있다. 의대를 준비하는 유치원도 있고, 최근에는 유명 학원을 들어가기 위한 '7세 고시'가 있다고 한다. 교육에는 진심인, 아니 극성인 나라다. 가계 지출에서 교육비가 상당 부분 차지한다.

통계청에서 발표한 "2023년 초중고 사교육비 조사"에 따르면, 2022년도에 비해 학생은 약 7만 명(1.3%) 줄었으나, 사교육비는 1조 2천억 원(4.5%) 증가했다. 학교에 학생 수가 줄어들어 우려하는 인구 절벽이 실현되고 있으나, 그 와중에 교육비는 연일 상한가를 기록하는 아이러니한 현상이 계속되고 있다. 그러다 보니 다둥이를 낳고 기르는 것이 부담스럽다. 하나만 낳아 아낌없이 집중하려는 것이 대세다. 여러 사회적 문제를 해결하고자 사교육비 절감을 위한 정책도 펼쳐본다. 하지만 그다지 실효성은 없다.

그러나 목회자 가정은 이러한 이슈와 전혀 무관하다. 애초부터 아이를 학원에 보내줄 형편이 안 되기 때문이다. 나도 고민의 여지가 없었다. 그래서 '나야 안 보내면 되지!'라고 팔짱끼며, 딴청 부리고 외면했다. 그런데 내 아이의 인생에도 이 이슈가 어김없이 들어왔다.

"아빠, 나 발레학원 가고 싶어.
○○이는 발레학원에서 배우고 있대. 나도 보내줘."

첫째가 말하자, 둘째도 이에 질세라 주문을 넣는다.

"아빠, 나는 태권도 다닐래! 태권도 다니고 싶어.
재밌을 것 같아!"

아이들은 키가 자라듯 꿈도 자라고 있었다. 먹고 싶고 놀고 싶은 것만큼 하고 싶은 것도 많아지고 있었다. 그래서 그들은 피아노, 미술, 발레, 태권도 등 다양한 학원 메뉴를 나에게 접수했다. 경제 관념도 없고 가정 형편도 고려하지 않는 아이들의 폭풍 주문은, 계산기를 두드려야 하는 아빠로서 마냥 반가울 수 없다. 세 자녀를 먹이고 입히는 것뿐 아니라 학원까지 보내야 하니, 막막하고 난감했다.

사교육비에 대한 통계를 보면서 가슴이 미어지는 대목이 있었다. 소득의 격차가 교육의 격차로 이어진다는 결과다. 월평균 800만 원 이상의 가구가 300만 원의 가구보다 평균 48만 8천 원의 교육비를 더 지출했으며, 참여율로 따지면 30.7%의 격차로 앞서가고 있다.

부모는 내가 못 먹고 못 배우는 것은 개의치 않는다. 하지만 자녀에게는 다르다. 자녀만큼은 영양가 있게 먹여야 하고, 부족함 없이 가르쳐야 한다. 이러한 부모의 성정은 다 같은데, 부모의 형편은 저마다 다르니 심란한 것이다. 빵빵하게 지원해 주면 누구보다 돋보일 아이라는 믿음이 있다면 더욱 그렇다. 그때부터 고민했다.

'교육비를 어떻게 마련할까?'
'어떻게 하면 아이가 뒤처지지 않고
남들 하는 만큼 배울 수 있을까?'

뾰족한 방법은 없었다. 고민의 끝에는 언제나 '돈'이 으름장을 놓으며 호기롭게 서있었다. 그런데 사교육도 끝은 아니었다. 잘 먹이기만 하던 시대에서 잘 가르쳐야 하는 시대가 됐다면, 이제는 생존과 교육을 넘어 정성껏 여행까지 챙겨야 한다. 이 세태를 알리며, 내 속을 박박 긁는 단어 하나가 있다.

'개근 거지.'

해외여행, 체험학습 없이 학교만 성실히 나오는 학생을 비꼬며 비하하는 말이다. 초·중·고 12년 개근이 목표이자 자랑이던 때가 있었다. 12년 동안 개근을 지키는 것은 여간 어려운 일이 아니다. 다사다난한 청소년기 속에서도 출석을 지키며 끝내 거머쥐는 '표창'이 개근상이다. 한때는 개근상을 보고 사람의 됨됨이를 짐작했다. 그런데 지금은 아니다. 결석하더라도 국내로 해외로 여행과 체험을 다니는 것이 자랑이 됐다. 착실하게 학교 공부를 해도 사교육에 밀리고, 학교 출석을 성실히 해도 보람은 없다.

나는 오랫동안 진지하게 '아이에게 얼마나 지원해 줄 수 있을까?', '아이에게 무엇을 물려 줄 수 있을까?'라는 고민에 빠지며 기도했다. 딱히 해결책은 없었지만, 하나님은 상심으로 축 처진 가여운 아빠를 내버려두지 않으셨다. 내게 주신 마음, 또는 깨달음이 있었다. 하나님은 돈에 막혀 있던 나의 시야를 열어주셨다. 그리고 내게 넉넉한 돈을 주시지는 않았지만, 돈으로 살 수 없는 나만의 자산들을 발견하게 하셨다.

하나님과 가정을 향한 사랑, 하나님 나라를 위한 사명,
독서와 글쓰기, 피아노 연주, 꾸준한 공부,
아침형과 계획형, 따뜻함과 친절함, 인내와 성실.

하나님이 내게 주신 선물들이다. 하나씩 뜯어보면 훌륭하거나 탁월하지는 않다. 하지만 나에게는 소중하다. 이 자산으로 나는 목사로, 아빠로, 한 사람으로 책임을 다하고 있기 때문이다. 하나님은 학원 한두 개 보내놓고 책임을 다했다고, 여행 한두 번 다녀오고 아빠 역할 했다고 만족해할 안일한 나를 꾸짖으셨다. 돈으로 아이를 키우고 채우려 했던 고민을 단숨에 걷어버리셨다. 이러한 주님의 음성에 "할렐루야!"를 외쳤다. 지금 아이에게 무엇을 물려줘야 할지 제대로 알게 됐다.

※

지금으로 치면 '금수저', 당시에는 기득권이었던 제사장직을 계승해 주어도 몰락한 가정이 있다. 바로 엘리 집안이다. 구약

성경 사무엘상을 펼치면 한나와 엘리의 가정이 교차한다. 한나는 평범한 여인이었고, 아들이 없어 괴로워 통곡하며 지냈다. 그러다 한나는 하나님에게 서원을 한다. 아들을 주시면 아들을 온전히 구별해 드리겠다고.

하나님은 그 기도에 응답하셨고 사무엘을 허락하신다. 한나는 서원대로 젖을 뗀 후 하나님에게 사무엘을 드린다. 그 사무엘은 어떻게 자랐는가? 어머니 한나의 서원대로 사무엘은 "어렸을 때에 세마포 에봇을 입고 여호와 앞에서 섬겼"고(삼상 2:18), "점점 자라매 여호와와 사람들에게 은총을 더욱 받"았다(삼상 2:26). 한나의 삶과 기도의 결대로 사무엘은 자라갔고, 또 살아갔다.

엘리의 가정은 정반대였다. 엘리에게는 홉니와 비느하스라는 두 아들이 있었다. 그 둘은 제사장 가문에서 교육받으며 영적으로 물질적으로 혜택을 많이 받았을 것이다. 그러나 그들은 하나님을 알지 못했고, 나쁜 행실을 일삼았다. 제사에 드린 예물을 제멋대로 취했고, 회막 문에서 수종 드는 여인들과 동침했다.

엘리는 기도하는 한나가 취한 줄 착각할 만큼 영적으로 둔감한 자였다. 그런 그이기에 아들들에게 아버지로서의 권위를 제대로 행사하지 못했을 것이다. 그는 자녀 양육에 처참히 실패했다.

한나와 엘리의 가정을 보고 있으면, 아이에게 무엇을 물려 줘야 할지 다시 생각하게 된다. 돈에 막히지 않고 밀어주면 좋 겠지만, 그것은 가장 중요한 '본질'이 아니다. 하나님이 주신 인 생을 어떻게 가꾸어 나가야 할지, 하나님과 이웃을 위해 어떠 한 삶을 살아야 할지, 돈으로는 살 수 없는 "마땅히 행할 길을 아이에게 가르"쳐야 한다(잠 22:6).

학원과 여행 앞에서는 작아졌던 내가, 어느덧 어깨가 펴졌 다. 마땅히 행해야 할 인생의 습관과 태도를 물려줘야 한다는 것을 깨달은 후 갑자기 어깨가 펴졌다.

우선 아침 시간을 함께 보내기로 했다. 우리 가정은 일찍 자 고 일찍 일어나는 것이 일상이다. 새벽예배 다녀오면 아이들 이 자고 있길 바라며 문을 열지만, 기대와 달리 항상 아이들은 활기찬 모습으로 마중 나온다. 피곤과 짜증이 밀려와 TV를 틀 어주고 옆에 누워 쉴 때도 있었다. 하지만 달라지기로 했다. 하 나님이 나에게 주셔서 그동안 실천했던 거룩한 습관들을, 고 즈넉한 아침 시간 속에서 아이에게 하나씩 가르쳐 줬다.

◆ 아침에 일어나 따뜻한 물 마시기
◆ 책상에 앉아 기도하기
◆ 어린이 성경 동화 큰 목소리로 낭독하기
◆ 큐티$_{QT}$ 하기

◆ 국어와 산수 학습지 풀기
◆ 다 마친 후 책상 정리하기
◆ 학교 가방과 입고 갈 옷 챙기기
◆ 바르고 고운 말 사용하기

그렇게 내가 갖고 있던, 나만 남길 수 있는 유산을 하나씩 전수했다. 아이들이 어려서인지 즐겁게 따라왔다. 칭찬 스티커를 모두 채우는 짜릿한 성취감도 만끽했다. 몸을 비비 꼬면서 하기 싫어하는 날은 시원하게 휴강을 공지했다.

몇 달을 끌고 가니 아이에게 좋은 습관으로 뿌리내렸다. 아이가 여러모로 변했고, 그런 자기 모습에 흡족해하며 스스로 지켜나가려고도 했다. 나도 생각이 완전히 바뀌었다. 아이에게 더 좋은 삶을 보여주고 들려주고 싶었다. 그래서 결심했다. 아이의 러닝메이트가 되기로.

세계적인 축구 스타 손흥민 선수를 만든 손웅정 감독은, 아들과 함께 운동장을 달린 아버지이자 감독이었다. 그의 책 「모든 것은 기본에서 시작한다」(수오서재)를 보면, 손 감독은 아들 손흥민을 교육도 했지만, 그보다 훈련, 독서, 인성에 있어 먼저 모범을 보이려 애썼다고 한다. 어떨 때는 어린 아들보다 더 월등한 신체 능력으로 훈련에 임할 정도였다. 그래서 그는 '옳은 말'보다 '옳은 삶'을 강조했다. 다음은 그의 말이다.

축구를 가르치면서 나는 아이들보다 몸을 적게 쓴 적이 없다. 아이들이 뛰는 만큼 뛰었고 아이들이 흘리는 땀만큼 흘렸다. 아니 그보다 더 뛰고 더 많은 땀을 흘렸다. 내가 입으로만 시키고 말로만 지도한다면, 아이들도 지칠 텐데 그것을 참고 견딜 수 있겠는가. 같이 뛰고 같이 힘들면 서로 의지할 수 있고 함께 즐길 수 있다.

나는 아이와 함께 뛸 것이다. 함께 호흡하며, 땀 흘리며, 극복하며, 완주할 준비는 돼있다. 닮고 싶고 넘고 싶은 사람이 되어, 그 삶을 아이에게 이어주고 싶다. 한나의 삶이 사무엘에게 하나님과 사람에게 사랑받는 삶을 선사했다. 나도 아빠이자 목사로서 세상과 학원이 줄 수 없는 신앙과 성품, 습관을 아이들에게 선사해 주고 싶다. 그 재산을 모아놓기 위해 아이보다 더 불꽃처럼 살 것이다. 이것이 내가 지금, 아니 평생 줄 수 있는 유일하고 고귀하고, 아름다운 유산일 것이다.

우리 아이들이 이다음에 커서, 아빠에게 받은 유산을 마음에 쏙 들어 했으면 좋겠다.

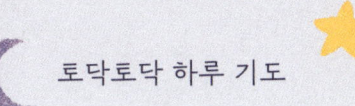# 토닥토닥 하루 기도

하나님 아버지 감사드립니다. 하나님은 부족하고 못난 저를 포기하지 않으십니다. 부모가 아이를 훈계하듯 저를 사랑과 지혜로 끝까지 가르치셨습니다. 그 보살핌으로 무지하고 무능했던 제가, 주님의 어린 자녀를 양육하는 어엿한 부모가 됐습니다. 그 은혜와 사랑에 진심으로 감사드립니다.

하나님, 해주고 싶고, 해주어야 하는 것이 차고 넘치는 현실 앞에서, 부모로서 작고 초라해집니다. 제 마음 아시지요. 저의 생각을 주관하소서. 믿음의 부모라는 책임을 기억하게 하소서. 그래서 세상의 방법이 아니라 하나님의 방법으로 아이의 인생을 채우게 하소서.

신앙의 삶을 아름다운 유산으로 물려주기 원합니다. 하나님을 향한 사랑과 경외, 교회를 위한 열심과 사명, 이웃을 사랑하고 배려하는 마음, 예수님의 성품을 건네주고 싶습니다. 먼저 부모로서 제가 그러한 믿음의 유산을 준비하게 하시고, 아이에게 보이는 모범으로 좋은 것만 흘려보내게 하소서. 그래서 아이가 하나님과 이웃의 은총과 사랑을 받게 하소서. 사랑과 지혜를 몸소 보이신 예수 그리스도 이름으로 기도합니다. 아멘.

**DAY 21.
동심**

와! 동굴 탐험이다!

'승강기 교체 공사.'

연초부터 아파트 단지 곳곳에 붙어있던 현수막 문구다. 아파트 승강기 교체 시기가 되어 대대적인 공사가 예정됐다. 우리 가족은 10층에 살고 있었고, 7살, 5살, 3살(19개월)의 세 아이를 보유하고 있었다. 청천벽력의 통보였다.

첫째 아이는 걸어서 올라갈 것 같았다. 문제는 둘째와 셋째였다. 둘째는 이제 막 유치원에 적응하고 있어 등·하원 때마다 엄마에게 안아달라고 꼬라지를 부렸다. 막내는 아직 유모차를 타야 했다. 계단을 오르락내리락하기에는 몸집이 작았다. 세

명 다 유치원, 어린이집을 다니고 있어 각자 짐도 많았다. 그런데 진짜 문제는 주말이었다. 홀로 교회로 떠난 남편 덕에, 아내가 혼자 아이 셋을 데리고 높고 험한 계단을 오르내려야 했기 때문이다.

엘리베이터를 이용해도 천방지축의 세 아이를 데리고 드나드는 것은 고난도다. 나가기만 해도 체력이 금새 고갈된다. 그런 우리 가정에 승강기 교체 공사라니, 엘리베이터도 이용 못한다니, 상상만 해도 끔찍했다. 날짜가 다가올수록 입에서는 선한 말이 나오지 않았다. 그렇게 공사는 예정대로, 에누리 없이 꼬박 한 달 동안 진행됐다.

그런데 이런 난국에 눈치 없이 신난 이들이 있었으니, 우리집 삼 남매였다. 한글을 배우고 있던 첫째 아이는 '승강기 교체 공사'라고 쓰인 현수막을 등원 때마다 읽으면서 지나갔다. 현수막 게시는 곧 행사 시작이라고 생각했던 아이는 큰 오해를 하고 있었다. 아파트 단지에 펄럭이는 '승강기 교체 공사' 현수막을 마치 축제처럼 받아들인 것이다. 그래서 언제 하냐고 매일 물어왔고, 착공일에는 축제가 열린 것처럼 즐거워했다.

"와! 동굴 탐험이다!"

공사 첫날 아이들은 놀이공원에 입장하듯 소리치며 계단으로 뛰쳐나갔다. 이미 죽상을 하고 있던 나와 달리 아이들의 기분은 하늘을 찔렀고, 깊숙한 계단 복도에는 아이들의 함성이 메아리쳤다. 첫째 둘째의 발걸음은 경쾌했고, 막내는 품에 안겨 관람하듯 고개를 요리조리 돌렸다. 나와 아내 빼고는 모두 즐거워 보였다.

아이들이 계단을 오를 때는 지칠 줄 알았다. 그런데 산에 오르듯 두 팔을 허위허위 내저으며 씩씩하게 계단을 하나씩 밟았다. 층마다 놓인 의자에 앉아 쉬는 여유까지 있었다. 나는 운동 부족으로 숨이 턱끝까지 차올라 곤죽이 되기도 했지만, 아이들의 모습이 하도 귀여워 웃었다.

"애들아, 너희들은 엘리베이터 없어서 너무 불편하지 않니?
아빠는 너무 힘든데?"

너무 신기한 나머지 진심으로 물어봤다. 아이들도 진심으로 대답해 줬다.

"응! 걸을 수 있잖아! 그래서 재밌어!
엘리베이터는 가만히 서있어야 하는데,
계단은 걷고 뛸 수 있잖아!"

이들은 나와는 전혀 다른 뇌 구조를 지닌 듯했다. 물론 위기도 있었다. 6월이다 보니 햇볕이 조금씩 따가워졌고, 좁은 계단의 온도는 급상승했다. 발랄했던 아이들도 지쳐갔다.

그런 우리에게 하나님은 피할 길을 주셨다. 옆 라인 아파트는 공사가 먼저 마쳤는데, 그 아파트 꼭대기로 올라가면 우리가 사는 아파트로 넘어올 수 있는 통로가 있다는 것이었다. 아이들과 당장 옆 라인 아파트로 뛰어갔다. 그리고 새롭게 교체된 블링블링한 엘리베이터를 타고 올라갔다.

소문대로 연결 통로가 있었다. 탁 트인 옥상이 아니라 협소했고 먼지로 가득했다. 입구는 문이 아니라 정사각형의 구멍이었다. 몸을 구기면서 들어가야 해서 이 또한 불편했지만, 아이들은 다시 흥분했다. 신대륙을 발견한 것처럼! 아이들은 공사가 마칠 때까지 그 비좁고 지저분한 통로로만 가자고 조르고 또 졸랐다.

✳

이런 아이들을 보며 나도 그런 시절이 있었다는 것을 새삼 깨달았다. 갑작스레 내리는 소나기에 옷이 흠뻑 젖었는데, 오히려 친구들과 환성을 지르고 펄쩍펄쩍 뛰며 집으로 갔다. 수련회에서 이불 하나 같이 뒤집어쓰고 밤새 수다도 떨었다. 군

시절 혹한기 훈련 때 비닐봉지에 국, 밥, 반찬을 모조리 넣어 섞은 후 3-4명이 숟가락 하나 들고 퍼먹은 식사는 별미였다. 전혀 불쾌하거나 불편하지 않았다. 지금도 피식하며 웃음이 새어 나오는 재미난 추억이다. 지금은 어느덧 어른이 되어 따분한 인생을, 아니 인생을 따분하게 살고 있었다. 생텍쥐페리의 「어린 왕자」에 나오는 조종사처럼 말이다.

조종사는 생애 첫 그림으로 '코끼리를 삼킨 보아뱀'을 그렸다. 스스로 걸작이라 여길 만큼 자신 있었고, 어른들에게도 보여주며 자랑했다. 그런데 웬걸, 잔혹한 보아뱀을 보고 무서워할 줄 알았는데 어른들은 그것을 평범한 모자로 받아들였다. 그림의 실체를 들은 후에도 그들은 그림보다 대중적인 학문에나 관심 가지라고 충고했다. 아이의 세계를 받아들이지 못한 어른 탓에 조종사는 화가라는 멋진 꿈을 포기했고, 결국 조종사가 됐다.

조종사는 비행 중 엔진 고장으로 사막에 갇히게 된다. 그리고 그곳에서 소행성 B612호에서 온 어린 왕자와 운명적으로 만나게 된다. 단 한 송이의 꽃과 하나의 별을 사랑하는 어린 왕자라는 신비스런 존재 앞에서 조종사는, 어느덧 어른이 돼있었다. 그림 그리기보다 숫자, 역사, 지리, 스포츠를 더 중요시하는, 딱딱하고 메마르고 뾰족하고 거친 어른이. 그런 그에게 어린 왕자는 여행과 만남이 담긴 이야기를 들려주다가, 갈증과 피로에 시달리는 그에게 이렇게 말했다.

사막이 아름다운 건 어딘가에 우물이 숨어 있기 때문이야.

내가 어른이 되고 아빠가 되니, 책임져야 할 중요한 것들만 보였다. 가정을 지켜야 했고, 사명도 감당해야 했다. 무엇 하나 놓칠 수 없어서 매일 앞만 보고 달렸다. 그러다 보니 점점 '나'라는 사람이 건조해졌다. 별것도 아닌 것에 웃고 떠드는, 가볍고 유쾌한 모습이 사라졌다. 어린 왕자와 조종사는 함께 우물을 찾고, 그 물 한 모금으로 가장 값진 보물을 선물받았다. 그런데 나는 그 보물을 지나치며 살고 있었다.

아이들은 지금 나랑 한번 웃고 떠드는 것을 원했다. 엘리베이터 공사 한다고 인상 잔뜩 찌푸리는 아빠가 아니라, 아이처럼 신나게 소리 지르며 계단을 미끄러지듯 내려가는 아빠를 원했다. 비행하다 추락했다고 말한 조종사 앞에서 해맑게 웃었던 어린 왕자처럼, 우리 아이들도 그렇게 사막을 걷고 있었다. 내가 한숨으로 채웠던 계단을, 아이들은 웃음과 추억으로 채우고 있었다. 아이들은 내게 뾰족뾰족한 머리를 하고 금빛 머플러를 두른 어린 왕자였다.

그러고 보니 아이들은 항상 그래왔다. 낡고 저렴해서 벌레가 득실대는 펜션에 갔을 때도, 아이들은 동화 속 '나무집'이라며 맘에 쏙 들어했다. '캠핑, 캠핑, 캠핑' 노래를 해 '원터치 텐트' 하나 사서 공원에 갔을 때도, 캠핑 분위기를 만끽했다. 아이들은 쓰디쓴 인생에 달콤한 시럽 같은, 감칠맛 나는 MSG 같은 재미를 한 스푼 넣었다. 그리고 언제나 사막을 초원처럼 걸어다녔다. 그것이 내가 잃어버렸던 '동심'이었다.

나도 다시 동심을 품고, 사막 속에 숨겨진 재미난 보물을 발견해야 한다. 사막을 초원으로 바꿀 수 없지만, 사막을 초원처럼 걸을 수는 있다. 모든 것을 다 잃어도 구원의 즐거움이 있던 하박국처럼(합 3:17). 영어(囹圄)의 몸이었지만 기뻐했던 바울처럼(빌 4:4). 아이들과 함께 유쾌하게 웃고 떠들자. 어린 나로 돌아가 철없이 장난도 치자. 위엄은 덜어내고 동심과 재미를 채우자. 이렇게 나는 나의 어린 왕자들에게 인생을 한 수 배웠다.

사족을 달자면, 우리 가정은 이후에 다른 아파트 20층으로 이사를 갔고, 충격적인 비보를 접했다. 그해에 승강기 교체 공사가 예정돼 있다는 것이다.

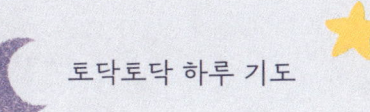# 토닥토닥 하루 기도

하늘에 계신 하나님 아버지, 오늘도 가정과 자녀, 일터를 돌보는 저에게 주의 날개를 펼쳐주시고, 안식과 평강을 누리게 하시니 감사합니다. 여러 사태가 밀려와도, 수많은 과업이 쌓여가도, 언제나 후히 주시는 하나님에게 은혜와 지혜를 구하며 헤쳐나가게 하소서.

하나님 애석하게도 저는, 어린아이의 마음이 조금씩 사라져 갑니다. 동심은 사라지고 책임감과 부담감만 싹트고 있습니다. 육신과 영혼이 어른이 되어갈 때도, 하나님에게는 순전한 어린아이가 되게 하소서. 사막과 같은 인생을 지날 때도, 소낙비 내리는 초원을 뛰어가듯, 순수한 신앙을 허락하여 주소서.

진지하면서도 때로는 유쾌한 부모가 되게 하사 가정과 자녀를 밝히게 하소서. 무릎을 낮추며 아이 눈높이로 세상을 바라보는 부모가 되게 하소서. 그래서 저로 말미암아 아이가 동심 속에서 재미를 느끼며 싱그러운 삶을 살게 하소서. 날마다 보물을 찾는 복된 가정 되게 하소서. 우리의 기쁨과 소망 되시는 예수 그리스도의 이름으로 기도합니다. 아멘.

DAY 22.
하나님의 말씀

엄마 미워! 흥! 칫! 뽕!

"엄마 미워! 흥! 칫! 뽕! 메~~롱!"
"어허! 그런 말 쓰면 안 되지?!"

엄마의 잔소리에 뿔이 난 아이는 미운 말을 내뱉었고, 바른 언어 습관을 위해 나는 그 자리에서 훈육했다. 그런데 도리어 아이에게 한 방 더 먹었다.

"아빤 핑계쟁이야!"

맥락도 의미도 없는, 아이는 그저 고약한 마음에 가장 심한 말을 하고 싶었던 것 같다. 처음에는 당혹스러웠지만, 또 의아하기도 했다. 나와 아내는 아이에게 그런 표현을 쓴 적이 없었다. 아이의 말버릇이 곧 부모의 '성적표'라고 생각했기에, 정갈한 언어를 들려주려 노력했다.

아내에게 들어보니, 아이의 '최애' 만화인 '○○이'만 보면 꼭 저런 말을 쓴다고 한다. 캐릭터들의 대화를 들으면 은연중에 영향을 받고, 모방하는 행동과 말을 하는 것이다. 그래서 그 만화를 통제해 보려고도 했지만 쉽지 않았다. 요즘 아이들은 스마트 기기 사용에 능숙하다 보니, 부모의 눈만 피하면 언제든지 자유롭게 영상을 시청할 수 있다. 그래서 다정다감한 언어와 따뜻한 이야기가 있는 '○투리'를 틀어주면, 스리슬쩍 바꾸어 놓는다. 시끄럽고, 정신 사납고, 자극적인 만화로.

아이는 옳고 그름, 아름다움과 추함, 선과 악의 경계가 희미하다. 분별력은 전무하다. 자극적인 시각과 함께 요란한 말과 소리에 끌려갈 수밖에 없다. 그리고 그것을 스펀지처럼 흡수하고 모방해 부모와 친구에게 실습한다. 이렇게 '듣는 것'이 '먹는 것'만큼이나 중요하다.

세 아이를 키우면 '먹여 살리는 것'이 일이다. 아끼고 아껴도 식비가 보통이 아니다. 셋이 모여 경쟁하니 더 많이, 더 열심히 먹는 듯하다. 동화 속 '마구 먹어 할머니'가 연상될 정도다. 아내는 매일같이 장을 보고 냉장고를 채우지만, 매일같이 "먹을 것이 떨어졌어!"라고 하소연한다. 수도 없이 냉장고 문을 열어 젖히는 세 마리의 '먹깨비' 덕분이다.

그렇다고 먹을 것을 줄일 수는 없다. 지금 아이가 섭취하는 음식은 입의 즐거움보다 신체의 성장과 밀접하기 때문이다. 한창 잘 먹여야 할 때다. 더 중요한 것은 '양질'의 음식이어야 한다는 것이다. 나와 아내가 먹을 때는 질보다 양과 맛을 택하지만, 아이들에게는 다르다. 국내산 식재료를 주로 사용하고, 아이 식판에는 탄수화물·단백질·지방을 균형 있게 담아준다. 반대로 군것질 음식은 조금 주려고 애쓴다. 그만큼 아이의 '입'에 무엇이 들어가는지 늘 주목하고 살피고 있다.

그런데 사람은 '떡'으로만 살 수 없다. '영혼'을 지닌 독특한 존재다. 영혼은 몸에 비해 굶주림을 느끼기 쉽지 않아 살뜰히 돌보지는 않는다. 하지만 영양 결핍이 육신을 휘청이게 하듯, 영혼의 결핍은 몸과 인생을 흔들리게 한다. 그렇다면 영혼은 어떻게 채울 수 있을까? 생명의 떡이며 영혼의 양식인 하나님의 말씀을 먹는 것이다(신 8:3).

※

시편 19편 10절에서 시인은 말씀을 "금 곧 많은 순금보다 더 사모할 것이며 꿀과 송이꿀보다 더 달도다"라고 노래한다. 잠시 눈을 감아 본다. 집에 골드바가 영롱한 자태로 차곡차곡 쌓여 있다 상상해 본다. 먹지 않아도 배가 절로 부르다. 또 다른 상상을 해보자. 쫄쫄 굶어 지쳐 쓰러져 있는 나에게, 누군가 단지에서 꿀을 한 숟가락 끈덕지게 퍼 올려 입에 넣어준다. 온 혈관에 활력이 빠르게 수급된다. 이렇게 말씀은 영혼을 배부르고 생기 있게 만든다.

따라서 사람은 배만 불리지 말고, 굶주려 있는 영혼도 살펴야 한다. 아이에게도 마찬가지다. '무엇을 먹일까?'라는 '먹는 것'만큼이나, '무엇을 들려줄까?'라는 '듣는 것'에도 마음을 쏟아야 한다. 음식이 입을 열고 들어오듯이, 말씀은 귀를 열고 들어온다. 영혼의 '입'은 '귀'이기 때문이다. 그래서 가나안 땅 입성을 앞둔 이스라엘에게, 하나님은 모세의 입으로 이렇게 선포하셨다.

"이스라엘아 들으라!"

어떤 이들은 젖과 꿀이 흐르는 풍부한 땅을 바라보면서 이제 고생 끝이라며 입맛을 다시고 있었을 것이다. 아니면 거구의 아낙 자손 앞에 메뚜기와 같은 자신을 보며 벌벌 떨고 있었을 것이었다. 하지만 하나님은 그들의 '입'과 '눈'이 아닌 '귀'를 열게 하셨다.

이스라엘아 들으라 우리 하나님 여호와는 오직 유일한 여호와이시니 너는 마음을 다하고 뜻을 다하고 힘을 다하여 네 하나님 여호와를 사랑하라(신 6:4-5).

이스라엘아 들으라 네가 오늘 요단을 건너 너보다 강대한 나라들로 들어가서 그것을 차지하리니 그 성읍들은 크고 성벽은 하늘에 닿았으며 크고 많은 백성은 네가 아는 아낙 자손이라 그에 대한 말을 네가 들었나니 이르기를 누가 아낙 자손을 능히 당하리요 하거니와 오늘 너는 알라 네 하나님 여호와께서 맹렬한 불과 같이 네 앞에 나아가신즉 여호와께서 그들을 멸하사 네 앞에 엎드러지게 하시리니 여호와께서 네게 말씀하신 것 같이 너는 그들을 쫓아내며 속히 멸할 것이라(신 9:1-3).

배고플 때마다 음식 타령만 하던 그들이었다. 강한 족속을 이길 재간도 없던 그들이었다. 하나님은 그들의 귀에 유일하신 하나님, 도우시고 싸우시며 인도하시는 하나님을 들려주셨다. 이 하나님의 말씀이 귀를 타고 영혼에 스며들었다. 그들의 영혼은 두둑해졌을 것이고, 사명을 헤쳐나갈 용기와 힘이 솟았을 것이다.

아이의 올바른 말버릇을 위해 정돈된 언어를 또박또박 들려주고, 양질의 동화도 꾸준히 읽어준다. 마찬가지로 '믿음'은 '들음'에서 나기에, 아이의 신앙과 영혼을 위해서 말씀을 들려줘야 한다. 그래서 나는 오늘도 아이의 귓가에 맛과 영양이 듬뿍 든 영혼의 양식을 한 숟가락, 두 숟가락 넣어본다.

'너를 지으시고 구원하시신 분은 하나님이야.
너를 가장 사랑하시는 분은 하나님이야.
오늘도 성령님이 너와 함께하시며 너를 지켜주실 거야.
주님이 너를 가장 선한 길로 인도하실 거야.
오늘도 하나님과 이웃을 사랑하며 살렴.
하나님은 너를 기뻐하시며 자랑스러워하실 거야.
하나님은 너의 기도를 들으시며 이루어 주시는 분이란다.'

기도와 말씀에 곡조를 붙인 찬양도 자주 틀어놓는다. 찬양으로 일상에서도 말씀을 섭취하며, 고백이 입으로 나오도록 한다. 이렇게 귓가에 흘려준 영혼의 양식은 아이의 생명을 자라게 하고, 영혼을 풍족하게 하고, 인생에 기백이 넘치게 할 것이다.

아이들은 조금 더 크면 집밥보다 편의점 즉석식품을 즐겨 찾을 것이다. 몸에 좋지도 않은 불닭볶음면, 삼각김밥, 과자, 아이스크림으로 배를 채우며 '힐링한다' 할 것이다. 부모가 없는 다른 곳에서 음식을 먹듯이, 부모의 말보다 세상에 귀를 민감하게 기울이는 때가 올 것이다. 그래서 나는 부모 말에 주목하고 반응하는 이때를 놓쳐서는 안 된다. 가르쳐 달라고, 이야기해 달라고 하는 지금을. 그래서 오늘도 부모로서 무엇을 먹일까 입힐까보다, 하나님의 말씀을 어떻게 들려줄지 고민해야겠다.

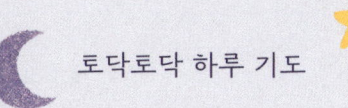

토닥토닥 하루 기도

　말씀으로 역사하시는 하나님, 우리 가정에 말씀의 빛을 비추사 어둡고 굴곡진 길을 평안히 걷게 하시니 감사드립니다. 저와 이 가정이 견고한 말씀 위에 세워지기 원합니다. 말씀의 통치와 인도를 받기 원합니다. 말씀을 사모하며, 묵상하며, 탐구하여 형통함을 누리게 하소서.

　하나님, 우리 아이의 영혼을 살피는 부모가 되게 하소서. 아이의 먹는 것과 입는 것, 배우는 것에 마음이 쏠려 영혼과 신앙을 살피지 못한 적도 많습니다. 믿음의 부모로서 아이의 믿음과 영혼에 기민하게 반응하게 하소서. 아이 귀에 생명의 떡과 같은 주님의 말씀을 날마다 성실히 들려주어, 아이가 영적으로 굶주리지 않게 하소서.

　아이가 주의 말씀으로 영혼은 활력이 돋고, 인생은 용기와 지혜로 채워지기를 원합니다. 아이의 귀를 여시어 말씀을 들을 때마다 '아멘' 하며 먹게 하시고, 평생토록 순금보다 귀하고 송이꿀보다 더 달콤한 말씀을 사모하며 구하게 하소서. 말씀으로 동행하시는 예수 그리스도 이름으로 기도합니다. 아멘.

DAY 23.
천국의 가정

와! 우리 집이 제일 좋다!

며칠 연휴로 아이들과 지인, 친척 집 몇 곳을 방문했다. 들르는 집마다 우리가 사는 집보다 훨씬 넓고, 깨끗하고, 편리했다. 괜히 걱정스러웠다. 얼마 전이었을까, 아이 입에서 "○○는 부자 같아", "○○ 집은 진짜 넓고 좋아" 같은 말이 나왔다. 집 안에만 있던 아이가 어느샌가 집 밖 물정을 경험하고, 자신과 비교하고, 더 좋고 더 나쁨으로 인식하고 있었다.

이후로 좋은 집에 함께 갈 때마다 아이가 어떻게 생각할지 마음이 쓰였다. 그런데 기우에 불과했다. 아이는 일정을 마치고 집에 들어서자마자 신발 두 짝을 멀리 벗어던지고, 두 팔을 번쩍 들며 이렇게 소리쳤다.

"와! 우리 집이 제일 좋다!"

집 밖을 귀찮게 여기는 나 같은 어른이 할 법한 대사였다. 하지만 나는 그 아이의 말이 듣기 참 좋았다. 아이가 비교할까 봐, 부끄러워할까 봐, 의기소침해할까 봐, 검은 먹구름처럼 걱정이 빼곡히 드리웠던 내 마음에 맑음이 찾아왔다. 웃기면서도, 뿌듯하면서도, 신기해서 한 번 더 물어보았다.

"애야, 정말 우리 집이 제일 좋아? 다른 좋은 집 보고 왔는데도?"

"응, 그럼. 우리 집이 제일 좋지!"

'당연한 걸 왜 물어봐요?'라는 표정이었다. 그러고는 자기 말이 진심이라는 것을 증명하듯, 양말을 서둘러 벗고, 캐릭터 잠옷으로 갈아입고, 애착 이불을 김밥처럼 몸에 두른 후 그대로 드러누웠다. 다른 두 녀석은 엉덩이춤을 씰룩쌜룩 추며 밖에서 억눌렀던 본색을 마음껏 표출했다. 정말이지, 아이들 모두 집을 제일 좋아하고 편해했다. 그리고 나는 그런 아이들을 보며 안심했다.

아빠로서 제일 행복할 때가 있다. 내가 마련한 집에서 아이들이 안락하게 있는 것이다. 하나님이 세상을 만드시고, 그곳에 거하는 아담과 하와를 보실 때도 이러한 마음이셨을까. 푸르른 나무 그늘에 몸을 기대고, 다디단 과실을 맛보고, 하늘과 땅과 바다에 안기고, 쏟아지는 햇볕과 달빛을 맞으며 동물들과 정답게 뛰노는, 그러한 모습이 하나님 보시기에 심히 좋지 않으셨을까. 그리고 사랑스럽게 바라보지 않으셨을까. 하나님 아버지의 마음을 묵상하며, 나와 함께하는 이 집이 아이들에게 천국이길 바라본다.

나는 지하실 특유의 쿰쿰한 냄새를 싫어한다. 비위가 약한 탓도 있지만, 그 냄새가 지하 방에 살았던 어린 시절로 나를 데려가기 때문이다. 그곳은 빛이 없었다. 낮에도 침침했고, 밤에는 칠흑 같았다. 천정에는 곰팡이 자욱이 보였고, 바닥에는 헝클어진 물건과 자잘한 벌레가 보였다. 주방은 온기도 내음도 없었다. 부모님이 무지 바쁘셨기 때문이다. 그 집은 친구를 초대할 수 없는, 나도 별로 들어가고 싶지 않은 곳이었다. 그래서 낮에는 친구 집을 떠돌았다. 그때마다 친구들의 집은 뼛속까지 스미는 부러움을 줬다.

지금 회상해 보면, 꼭 집의 크기나 구조 때문만은 아니었다. 지하 방에 혼자 있던 나와 달리, 부모님과 단란하게 있는 친구 모습에 시샘이 났다. 잦은 이사를 다닐 때마다 이 질문을 했던 어린 내가, 눈에 여전히 선하다.

"이사 가는 집에서는 엄마가 집에 있어요?"

✺

궁궐 같은 집에 살아도 부모가 없으면 그곳은 적막하다. 단칸방에 살아도 부모가 있으면 그곳은 보금자리가 된다. 지금 세 아이가 집을 가장 좋아하고 안락해하며, 방방 뛰고, 왁자지껄 떠들고, 퍼질러 눕고 뒹굴 수 있는 것은, 엄마 아빠가 함께 있기 때문이다.

어두운 밤길을 걷다 보면, 중학교, 고등학교 다니는 학생들이 무리 지어 있다. 시시콜콜한 얘기를 나누며 킥킥거리고, 편의점 음식을 몇 가지 차려 나눠 먹기도 한다. 구석에 몸을 숨겨 담배도 태운다. 예전에는 그런 광경을 보면 혀를 차고 눈을 흘겼다. '학생이 늦은 시간에 집에도 안 들어가고 뭐 해?'라며 불량 학생 취급했다.

자식을 키우면서 이제는 생각과 태도가 바뀌었다. '집에 가고 싶지 않은 아이는 없을 텐데, 어둠에 파묻혀, 겨우 또래 친구를 의지하며 긴긴밤을 보낼 때는 남모를 사연이 있는 것이 아닐까?' '집 나오면 개고생인데, 혹시 집은 지옥인 것일까?' '무엇이 저 아이들을 이 늦은 시간에 집을 나오도록 했을까?' 이러한 상념과 함께 애처로운 눈길로 바라본다.

누군가가 나에게 좋은 교회의 기준을 묻는다면, 1초의 망설임 없이 '천국을 닮은 교회'라고 답할 것이다. 천국은 삼위 하나님의 충만한 영광과 사랑 그리고 통치가 있다. 그래서 그곳에는 사망과 애통, 고통과 다툼이 없다. 영원한 안식과 희락만 있다. 교회는 그 천국의 모형이다. 세상과 철저히 구별되면서 천국과는 매우 흡사한, 그래서 천국의 향기를 맡을 수 있는 곳이 '교회'여야 한다. 또 누군가가 나에게 좋은 가정의 기준을 묻는다면, 역시나 또 한 번 주저하지 않고 '천국을 닮은 가정'이라 답할 것이다. 가정도 교회처럼 천국의 모형인 것이다.

그렇다면 무엇이 가정을 천국으로 만들 수 있을까?

'관계'라는 수로에 세차게 공급되는 '사랑'이 아닐까. 천국이 하나님의 사랑으로 천국이 될 수 있듯이, 가정은 가족 간에 사랑으로 천국과 같은 곳이 된다. 아이들은 그 사랑에 기대어 쉼과 안정을 누린다. 세상이 아무리 더럽고 치사해도, 만나는 사람이 아무리 원수 같아도, 가정이라는 사랑의 참호만 건사한다면, 자녀들은 그 안에서 천국을 향유할 것이다.

그런 사랑은 영화처럼 거창하고 위대한 것은 아니다. 얼굴 보면 웃어주고, 힘들 때 토닥이며 안아주고, 숟가락 부딪혀 가며 함께 밥을 먹고, 수다스럽게 일상을 나누는, 이 모든 것이 가정에 천국을 들이는 사랑이다. 마치 이해인 시인의 <어느 아침>에 그려진 풍경처럼.

밤새 깔린

어둠의 부스러기들을

행주로 닦아 내고

정결한 식탁에

희망을 차린다

그릇이 부딪칠 때마다

가슴에도 달그락거리는

그 웃음소리

마주 앉은 가족이 눈 속에서

사랑의 언어를 꺼내

양식을 삼는

어느 아침.

(이해인, 「오늘은 내가 반달로 떠도」의 <어느 아침>)

가정 속에 차려진 사랑으로, 나와 자녀는 오늘도 천국을 거 닌다.

우리 아이들이 언제까지 집을 좋아할까? 여전히 엄마 아빠 곁에서 자려는 아이들, 화가 나서 다른 집 보낸다 하면 땅을 치 며 펑펑 우는 아이들, 다른 어느 곳보다 집을 가장 애착하는 아 이들인데, 지금 이 관계가 언제까지 이어질까? 그 '때'와 '시'는 알 수 없지만, 그 책임이 부모에게 있다는 것은 확실히 안다.

누군가가 말했다. 전쟁은 배불뚝이 어른들이 시작하고, 불의한 희생은 모두 젊은 청년들의 몫이라고. 가정도 그렇다. 집이 천국이 될 것인지, 지옥이 될 것인지, 그 책임은 모두 부모에게 달려있다. 방언과 예언, 믿음이 있어도, "사랑이 없으면 내가 아무 것도 아니요"(고전 13:2)라는 말씀을 기억하며, 광나고 넓은 집이 아니더라도, 그 안에 사랑은 마르지 않게 해야 한다. 늘 아늑하고 따뜻한 공간이 돼야 한다. 아이가 집에서 사랑의 향취를 맡고, 따뜻한 돌봄을 덮고, 위로와 격려의 양식을 먹을 수 있어야 한다.

그런 천국과 같은 집을, 지금부터 만들고, 앞으로도 지켜내고 싶다. 그러면 아이들이 세월이 흘러 집을 떠났다가도, 다시 이 집에 올 때마다 이렇게 외치지 않을까?

"와! 집이 제일 좋다!"

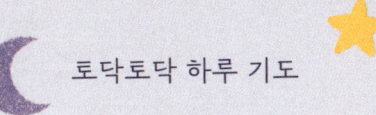

토닥토닥 하루 기도

만왕의 왕이신 하나님, 하나님 당신의 나라는 완전하고 영원합니다. 사망과 애통, 다툼과 전쟁은 없고 오직 하나님의 통치와 희락, 평강이 충만한 곳입니다. 그 나라를 사모하고 소망하며 간구합니다. 복되고 영광스러운 주의 나라를 우리 가정에 속히 허락하여 주소서.

하나님이 저를 부모로 세우셨습니다. 가정을 천국으로 가꾸는 사명을 온전히 감당하게 하소서. 어떤 시련과 풍파가 찾아와도 부모로서 믿음과 사랑을 잃지 않게 하소서. 그래서 저로 말미암아 아이가 이 집에서 하늘의 사랑과 화목을 누리고, 격려와 위로를 받으며 천국을 경험하게 하소서. 아이가 집 밖을 헤매며 방황하지 않게 하시고, 아이가 즐거워하고, 추억하며, 반갑게 찾아오는 집이 되도록 은혜를 주소서. 이 가정의 머리이시며 주인이신 예수님 이름으로 기도합니다. 아멘.

DAY 24.
언약 공동체

이사 가기 싫어!

"이사 가기 싫다고, 싫어! 정말 싫어!"

"얘야, 이번에는 우리 집 바로 건너편으로 이사 가. 멀리 가지 않아."

"그래도 싫어. 이사 그만 갔으면 좋겠다고."

"이번 이사는 너가 지금 다니는 교회, 유치원, 학원, 아무것도 안 옮겨. 진짜 바로 옆으로 간다니깐?"

"아빠, 우린 도대체 왜 이렇게 이사 많이 가?"

우리 가족은 또 이사를 가게 됐다. 목회자는 나그네다. 정착은 사치이자 욕심이다. 이 사실을 가장 잘 알고 있는 나는 담담하게 받아들인다. 이골이 난 것일 수도 있다. 그런데 그런 나마

저도 점점 쉽지가 않다. 책임져야 하는 가족이 있고, 아이는 부쩍 자라 자기 삶과 주장이 생겼으니 말이다.

사랑과 수고를 쏟은 사역지를 옮기는 일은 늘 낯설고 어렵다. 그래도 이사가 갈등이 되지는 않았다. 교육전도사 시절은 혼자 몸이었고, 결혼 초기에는 아이가 어려서 엄마 아빠가 가는 곳이면 순한 강아지처럼 따라왔다. 이번 이사는 움직이기 전부터 만만치 않았다. 아이가 고분고분하게 넘어가지 않았다. 그동안 얼마나 참았는지 이번에는 맹렬히 거부했다. 사역지 이동도 아니었다. 집 계약 만료로 건넛집으로 이사하는 것이었다.

이해는 된다. 아이가 벌써 이사를 두 번, 그러니깐 세 곳의 집을 거쳤다. 마지막 이사 때는 유독 힘들어했다. 자기가 쌓아온 사회와 관계 안에서 안정을 누리고 있었는데, 타지로 옮겨 가며 모두 잃어버렸기 때문이다. 어린이집과 교회에서 만난 선생님과 친구들, 익숙했던 동네와 놀이터, 단골 가게 등등 많은 것과 헤어져야 했다. 그리고 다시 혼자 힘으로 새로운 유치원, 교회, 동네에 적응해야 했고, 친구를 만들어야 했다. 부모가 대신 해줄 수 없었고, 순전히 아이 혼자 해내야 했다.

당시 아이는 버거워했다. 낯을 가리는 성격이라 더 그랬다. 매일 아침 눈물을 흘리며 유치원에 갔고, 주일학교 부서 예배는 문턱조차 넘지 못했다. 그 큰 아이가 그때마다 엄마 따라 자모실에 갔다. 이런 기억들이 몸에 저장돼 있다 보니, 아이는 이번 이사를 완강히 거부했던 것이다. 아이에게 미안하면서도, 이 광경이 낯설지만은 않았다. 나도 목회자 아들로 "우린 도대체 왜 이렇게 이사 많이 가요?"라고 지겹게 물었다.

내가 기억하는 것만 일곱 번의 이사를 했다. 새로운 학교, 친구, 집, 환경에 스스로 적응해야 했다. 그때를 되돌아보면, 곱씹고 싶은 추억이 없다. 할 수 있다면 지우고 싶은 기억뿐이다. 원하지 않았고, 선택하지 않았고, 억지로 만난 그 곤경을, 내 아이가 똑같이 겪고, 똑같이 불평하고, 똑같이 질문하니 착잡하고 속상했다. 그리고, "이사 가기 싫다고, 싫어! 정말 싫어!"가 "내가 목사 딸이라는 현실이 너무 싫어! 정말 싫어!"로 들려 더욱 마음이 쓰라렸다.

✻

이삭은 아빠 잘못 만나 유소년 시절에 생고생을 경험했다. 이삭도 누구도 상상도 못할 일이었다. 이삭은 아브라함이 오랜 기도 끝에 100세에 기적처럼 얻은 독자였다. 금이야 옥이야 애지중지 키웠을 것이다. 그야말로 아브라함에게 이삭은 '금쪽같은 내 새끼'였다. 이삭은 당대 족장이었던 아브라함의 보호 아래 있으면서 안온한 인생을 보장받았을 것이다.

그런 금쪽이에게도 시련이 들이닥쳤다. 아버지 아브라함이 하나님의 시험을 받았는데, 그 시험의 필수 준비물이 이삭 자신이란다. 하나님이 아브라함에게 사랑하는 독자 이삭을 번제로 드리라고 말씀하신 것이다. 부름과 사명은 아버지가 받았는데 생뚱맞게 이삭이 희생을 당해야 했다. 그것도 가죽을 벗기고 각을 뜨고 전부를 불사르는 번제로!

미련한 아버지 아브라함, 이 끔찍하고 잔혹한 명령을 듣고도 하나님에게 일언반구 따지지 않는다. 이삭에게 이렇다 저렇다 설명도, 미안하다는 말 한마디도 없다. 그도 속이 속이 아니었겠지만, 묵묵히 이삭을 바치려 했다. 그렇게 그는 이삭과 번제에 쓸 나무를 쪼개어 모리아 땅으로 향한다.

이삭은 어리둥절했다. 구색만 보면 번제 드리러 가는 길인데, 제물이 없었다. 이삭도 번제에 쓰일 나무를 지고 가며 혼란스러웠을 것이다. 침묵하는 아버지에게 말을 걸어 묻기란 쉽지 않았겠지만, 그는 용기 내어 묻는다.

이삭이 그 아버지 아브라함에게 말하여 이르되 내 아버지여 하니 그가 이르되 내 아들아 내가 여기 있노라 이삭이 이르되 불과 나무는 있거니와 번제할 어린 양은 어디 있나이까(창 22:7).

아브라함은 이삭에게 아버지였다. 이삭은 아브라함에게 아들이었다. 이삭은 아브라함을 '아버지'라 부르고, 아브라함은 이삭을 '아들'이라 부르는 이 대화만 보더라도, 부자(父子)인 두 사람의 관계는 여전했다. 서로를 여전히 사랑했고, 여전히 신뢰했다. 그런데 나무와 칼만 챙긴 이 국면을 이삭은 이해할 수 없었고, 제물은 어디 있는지 조심스럽게 물었다. 아브라함은 기어코 이삭에게 "네가 그 제물이란다"라고 대답하지 않았고, 뒤도 돌아보지 않고 산을 향해 걸어갔다.

목적지에 도착하자, 아브라함은 사랑하는 독자 이삭을 결박해 나무 위에 놓고, 칼을 들어 아들을 치려 했다. 그 급박한 순간 소년 이삭은 어떤 심정이었을까?

'왜 우리 아버지는 하필 족장으로, 믿음의 사람으로 부름을 받아 내가 지금 죽어야 하지?!'

'이건 아니야. 나는 하고 싶은 일이 많다고! 너무 불공평해! 아버지가 원망스러워!'

이러한 반응이 당연하지 않았을까? 그렇게 항변해도 누구도 이삭을 불효자라 비난 못 했을 것이다. 하지만 그는 조금의 반항도 원망도 하지 않았다. 순한 양처럼 결박을 당했고, 죽음을 받아들이려 했다. 어찌 보면 아브라함에게 닥친 그 시험에 이삭도 동참한 것이다.

결과는 모두가 잘 알듯이, 하나님은 독자 이삭을 찍으려 했던 아브라함의 칼을 막으셨다. 친히 예비하신 숫양도 보여주셨다. 그리고 아브라함을 하나님을 경외하는 자로 인정하신다. 그럼 이삭은 무엇을 얻었을까? 아버지 잘못 만나 험한 꼴을 겪은 것인가? 아버지는 하나님에게 인정이라도 받았는데, 이삭은 얻은 것 없이 이용만 당한 것인가?

그렇지 않다. 이삭은 아버지 아브라함의 순종하는 믿음을 직관했다. 숫양으로 예표하신 하나님의 구원을 미리 보았다. 그는 아버지 아브라함과 전혀 다른 인생이었지만, 동일한 약속과 사명을 지니고 살아갔다. 그래서 하나님은 이삭에게도 아브라함과 같은 언약의 말씀을 베푸셨다.

네 자손을 하늘의 별과 같이 번성하게 하며 이 모든 땅을 네 자손에게 주리니 네 자손으로 말미암아 천하 만민이 복을 받으리라(창 26:4)

하나님은 아브라함만 부르지 않으셨다. 아브라함이라는 '너'와 아브라함의 자손이라는 '너희', 그리고 그의 '집'을 부르셨다. 아브라함과 그의 후손으로 약속하신 구원을 성취하셨다. 하나님은 개인을 넘어 가정을 함께 부르시는 분이시다. 머리이신 그리스도의 몸 된 작은 교회로 삼으셨다.

그래서 가정은 '언약 공동체'다. '나'가 아닌 '우리'로서 사명을 완수해야 하며, 한 몸으로 똘똘 뭉치고 연합해 하나님 나라를 섬겨야 한다. 그리고 하나님에게 이러한 다짐을 확약해야 한다.

오직 나와 내 집은 여호와를 섬기겠노라 하니(수 24:15).

※

아빠로서, '내 자녀들이 더 좋은 아빠를 만나, 더 좋은 조건에서 자랐으면 어땠을까?'라는 서글픈 생각을 간혹 한다. 해주고 싶은 것이 많아도, 해줄 수 없을 때가 더 많다. 목회자 아빠를 만나 또래 친구가 하지 않는 고생을 일찍부터 떠안는다. 잦은 이사는 빙산의 일각이다.

그래도 어쩌겠는가. 하나님이 '나'와 '우리'를 한 가정으로 묶으셨다. 별개의 인생이면서 한 몸으로서 받은 하나의 사명이 있을 것이다. 그래서 하나님이 나에게 주신 숭고한 계획이, 나의 자녀들의 인생으로 더 선명해지고, 더 전진할 것이다.

목사 아빠의 삶을 아이들에게 설명해 준다. 아빠가 교회에서 무엇을 하는지, 앞으로 어떤 사명이 있는지, 목회자 가정으로서 무엇을 감내해야 하는지, 회피하지 않고 최선을 다해, 알기 쉬우면서 자세하게 알려준다. 이해를 강요할 수 없다. 원망을 피할 수도 없다. 그래도 하나님의 섭리로 만난 가정이라는 언약 공동체에서, 믿음의 사람으로 많은 것을 보고 배우기를 바라고 있다. 이사를 많이 다녀 불편해도, 그때마다 하나님의 선하신 손길을 경험하고, 아빠가 목사여서 교회에만 있지만 그런 아빠 덕에 교회 같은 가정에서 은혜와 말씀을 공급받기를 소망한다. 무엇보다도, '나'에게 주신 사명이 '너희'를 통해 확장된다는 것을 확신하길 기도한다.

예전에는 하나님이 '나'를 어떻게 사용하실지 궁금했다. 이제는 '우리 가정'이 하나님 나라를 위해 어떻게 활약할지 기대가 된다. 그래서 기도한다. 우리 가정이 머리이신 그리스도의 한 몸이 되기를, 이사 좀 많이 한다고, 풍파와 시련이 몰려온다고, 아름다운 연합이 흔들리지 않기를. 소망도 한다. 한 가정으로 우리가 만났다는 것이, 가장 큰 행복이자 감사라고, 그렇게 서로 고백할 그날을.

우여곡절 끝에 이사를 마쳤다. 우려와 달리 아이는 이사 온 집을 보고 활짝 웃었다. 약속대로 교회, 유치원, 학원 바꿔지 않았고, 게다가 생후 7년이 돼서야 그럴싸한 자기 방을 가졌기 때문이다. 자기 책상과 침대만 놓인 방을 혼자 쓰게 되니, 아이는 흥겨운 춤으로 자축했다. 이사에 대한 부정적인 편견과 감정이 한 꺼풀 벗겨진 듯했다. 감사했다. 나는 속으로 혼잣말했다.

'그래, 목사 아빠랑 사는 게 고달프지만, 이렇게 아주 가끔은 뜻밖의 선물을 받는단다.'

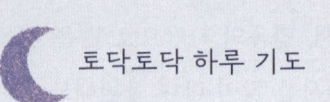

토닥토닥 하루 기도

언약을 베푸시고 신실하게 성취하시는 하나님, 오늘도 저와 이 가정이 주님 나라 위해 힘을 다해 일하기 원합니다. 주의 뜻대로, 주의 영광과 목적을 위해 사용하여 주소서.

하나님, 저와 자녀는 하나님의 언약과 계획을 위임받은 하나의 공동체입니다. 주님을 위해 혼자 일하지 않게 하셨고, 주의 뜻을 위해 자녀와 동역하며 전진하게 하셨습니다. 하나님, 이 가정이 우리에게 주신 영광스러운 주의 뜻을 함께 바라보며 굳건하게 연합하게 하시고, 모든 여정을 즐거이 감당하며 승리를 누리게 하소서.

아이가 이 공동체 안에 거하면서 믿음의 삶을 배우기 원합니다. 이삭이 아브라함의 순종을 보았듯이, 이 가정이 신앙과 경건을 배우는 훌륭한 학교가 되게 하소서. 그래서 가정이라는 언약 공동체로 부르신 하나님에게 감사와 찬양을 올리게 하소서. 언약의 중보자이신 예수님 이름으로 기도합니다. 아멘.

4부

하늘 아버지를 향한 여섯 가지 고백

DAY 25.
영원한 아빠

아빠 손 언제까지 잡아야 돼?

딸아이와 걸을 때는 꼭 손을 잡는다. 집 밖은 위험투성이고, 아이는 어리니 아직은 보호가 필요하다. 칼을 찬 무사처럼 전방, 후방, 측방을 경계하며 아이를 요리조리 끌고 다닌다. 그 순간만큼은 누구도 무찌를 수 있다는 허황된 착각에 빠진다.

아이를 위해 손을 잡는다고 하지만, 사실 내가 아이와 손을 잡고 걷는 것을 무척 좋아한다. 손과 손이 연결고리가 되어 아빠의 은은한 사랑을 전할 수 있어서. 손을 타고 올라오는 아이의 따스한 체온을 느낄 수 있어서. 그래서 땀이 돋을 만큼 지나치게 꽉 잡곤 한다.

언제 이리 컸나 싶다. 제 몸도 가누지 못하고, 똥오줌도 가리지 못한 채 줄곧 울기만 하던 아이였다. 조막손으로 내 새끼손가락, 집게손가락 하나를 겨우 잡던 아이였다. 지금은 훌쩍 자라 아빠의 손바닥에 자기 손바닥을 맞닿는다. 그래도 여전히 조개같이 아기자기한 손. 아직은 내 손이 아이 손을 충분히 감싸고도 남아 더 사랑스럽다. 아이 손만 잡으면 그 어떤 호사도 부럽지 않다. 요즘 이런 감상에 젖어있어, '시간아 멈춰라!'고 주문을 외우며 지낸다. 그런 나에게 아이는 벼락 질문 하나를 내리꽂는다.

"아빠, 나는 아빠 손 언제까지 잡아야 돼?"

귓가에 이명을 일으키는 폭발음처럼 들렸다. 아이 손을 평생 잡으려 했던 터라 귀를 의심했다. 아이의 말을 못 들은 척하고 싶었고, 부정하고 싶었다. 몰래 한숨을 뱉어도 보며, 평정심을 지키려 했다. 난 '나이스한' 아빠니깐. 다시 '쿨하고' 다정한 모습으로, 그러나 감출 수 없는 긴장을 섞어 아이에게 되물었다.

"왜? 아빠 손 오래 잡고 싶어서?
아니면, 손 안 잡고 혼자 걷고 싶어서?"

아빠의 맘도, 속도 모르는 아이는, 무구한 표정으로 답한다.

"혼자 걷고 싶어서!"

딸 바보 아빠로서 감당하기 어려운 대답이었다. 6살이었다. 같이 가고 싶은 곳이 너무 많고, 그때마다 아이 손을 꼭 잡고 싶었다. 그런 아빠에게 혼자 걷는다고 하다니, 배신당한 비련의 주인공 같았다. 나는 나이스한 아빠가 되기를 즉시 포기했다. 그리고 진지하고 단호하게 엄포했다.

"스무 살까지는 아빠 손 잡아야 돼!"

어른들이 늘 그러셨다. '품 안에 있을 때가 좋을 때'라고. 나는 늘 푸념했다. '언제 우리 애들은 커서 나를 멀리할까'라고. 그런데 이런, 어른들 말씀이 맞았다. 아이가 내 품과 손에 감겨 있는 시절이 가장 행복한 거였다. 아이는 나의 손을 놓고, 기지개를 켜며, 혼자 달려갈 준비를 하고 있었다. 기쁘고 놀랍고, 경이롭고 감사한 일이지만, 헛헛함을 감출 수는 없었다. 그리고 비로소 깨닫는다. 나는 잠시 잠깐 손을 잡아주는 아빠라는 것을.

어느 연예인의 인터뷰를 보았다. 그의 아버지는 가슴 아픈 사연으로 일찍 돌아가셨다. 이런 유언을 하나 남기셨다고 한다. 현관 앞에 당신의 구두를 한 켤레 놓으라고. 혹여나 남자 없는 집이라 해코지를 당할까 봐 그러셨다고 한다. 아빠라면 죽어서도 처자식을 지키고 싶다. 나도 죽음보다도 가족을 지키지 못하는 것이 훨씬 더 두렵다. 그런데 애석하게도 죽음은 부모에게 도적처럼 찾아온다. 부모로서 자녀를 지킬 수도, 책임질 수도 없게 만든다. 나도 예외는 아니다.

아빠의 손을 놓고 걸어보고 싶은 아이, 그런 아이를 영원히 지킬 수 없는 아빠, 좁힐 수도 거스를 수도 없는 이 괴리 속에서, '잠깐의 아빠'인 나에게 '영원한 아버지'께서 찾아오신다. 그리고 그분께서, 무릎에 앉은 아이와 눈을 맞추며 얘기하는 다정한 아빠처럼, 이렇게 말씀해 주시는 듯했다.

"너에게 그랬듯, 그 아이의 영원한 아빠도 나란다."

※

하나님은 영광이시며 아름다운 분이시다. 모든 것 위에 뛰어나신 분이시다. 거룩하시고 존귀하신 분이시다. 능력과 지혜, 사랑이 충만하시다. 그리고 영원하시다. 누구도 범접할 수 없는 그분이, 친히 이 땅에 내려오셔서 고아와 같은 우리에게 아버지가 돼주셨다. 그리고 당신의 '손'을 내밀어 주셨다.

그가 높은 곳에서 손을 펴사 나를 붙잡아 주심이여 많은 물에서 나를 건져내셨도다(시 18:16).

내가 그들에게 영생을 주노니 영원히 멸망하지 아니할 것이요 또 그들을 내 손에서 빼앗을 자가 없느니라(요 10:28).

'손'은 확고한 의지와 함께 움직인다. 그래서 하나님께서 내 뻗으시는 손은 우연이 아니다. 실수도 아니다. 우리를 향한 하나님의 불타는 사랑과 의지의 손이다. 하나님은 팔짱 끼고 우리를 관람하지 않으신다. 그 손으로 우리에게 간섭하시며 섭리하신다. 그 은혜의 손으로 하나님의 자녀는 하나님의 보호와 인도, 다스림을 받는 것이다. 그 손안에 있으면, 누구도 우리를 하나님에게서 빼앗을 수 없다. 그만큼 든든한 피난처다.

그러므로 아이가 내 손을 놓아도 괜찮은 것이다. 나는 아이에게 잠깐이다. 언제나 어디서나 함께할 수도 없다. 하나님은 다르시다. 영원하시며 무소부재 하시기에 아이의 손을 절대 놓지 않으신다. 또한 그 손은 투박하고 모자란 내 손과 감히 비교할 수 없다. 그 손은 강한 능력이 있고, 따뜻하고 신실한 사랑이 있고, 선하고 거룩한 지혜가 있다. 내 손을 떠나도 하나님의 손이 있기에 나는 평생 안심할 수 있다.

첫째 아이의 이름은 '소유'다. '하나님의 소유'라는 뜻이다. 내 아이가 아니라 하나님의 자녀라는, 그래서 전적으로 하나님에게 드리며 맡긴다는 고백을 담았다. 아이의 이름을 다시 떠올려 본다. 고개를 들어 자녀 삼아주신, 영원한 아버지를 바라본다. 그리고 이 익숙한 찬양에 간구를 담아 읊조리며, 매달려 본다.

"주님여 이 아이의 손을 꼭 잡고 가소서
폭풍우 흑암 속 헤치사 빛으로 손잡고 꼭 인도하소서."

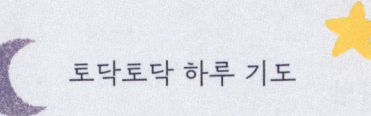

토닥토닥 하루 기도

　은혜와 긍휼이 풍성하신 하나님 아버지, 오늘도 아버지의 사랑과 돌봄을 베풀어 주셔서 감사드립니다. 하나님, 늘 아이의 손을 잡으며 지켜주고 싶지만, 그러지 못하는 저의 연약함과 부족함을 다 아시지요. 그래서 영원하시며 아버지이신 하나님을 의지하며 구합니다. 주님, 이 아이의 손을 잡아주소서.

　아이가 풍랑에 잠길 때 건져주시고, 그릇된 길을 걸을 때 붙잡아 주시고, 사나운 대적과 마귀가 위협할 때 감싸주소서. 순리에 따라 아이가 부모의 손을 놓더라도, 신앙에 따라서는 하나님의 손을 굳게 잡으며 인생을 살아가게 하소서.

　하나님, 저 역시 아이에게는 부모이지만, 하나님에게는 자녀입니다. 아이를 키우며 양육할 때 이 자녀가 하나님의 자녀라는 것을 믿고 의지하게 하소서. 자녀 안에 있는 고난과 문제를 하나님에게 맡기며 간구하는 부모가 되게 하소서. 언제나 따뜻한 손을 내미시는 예수 그리스도 이름으로 기도합니다. 아멘.

DAY 26.
토기장이 하나님

이 낙엽 하나 주워가면 안 돼?

가을과 함께 찾아온 단풍을 넋 놓고 보고 있었다. 하나님이 손수 붓을 들어 노랗고 붉게 채색하신 듯한 걸작이었다. 동네 곳곳에서 단풍을 구경하는 사람들의 탄성이 들렸다. 너도나도 단풍나무를 벗 삼아 사진을 찍고 수다를 즐기기 바빴다. 이렇게 사람들은 단풍과 함께 가을의 정취를 누렸다. 누가 뭐래도 단풍은 가을이라는 멋스러운 계절의 '주인공'이었다.

며칠이 겨우 지났을까. 가을의 끝자락이 다가오자, 대롱대롱 달려있던 단풍이 하나둘씩 떨어지다, 이윽고 우수수 쏟아졌다. 그 탓에 단풍나무를 둘러싸던 정겨운 모습은 온데간데없어졌다. 사람들은 추운 날씨 탓에 옷을 여미고, 집으로 향하기 바빴다. 다소 소란스럽던 수다는 사라지고, 적막함 속에 낙엽 쓰는 빗질 소리만 들릴 뿐이었다. 가열차게 쓸린 낙엽은 투정 한 번 못하고 마대에 욱여넣어졌고, 곳곳에 더미로 쌓여 흙으로 스며들 채비를 하고 있었다.

예뻐할 땐 언제고, 단풍이 낙엽이 되니 영 성가셨다. 발에 치이고, 자동차 틈새에 끼이니 쓰레기로 보였다. 짱짱하게 달려있다 힘 없이 구부러진 채 바닥을 구르고 있는, 쨍한 색깔을 뽐내다 볼품없는 잿빛이 돼버린 단풍은, 한편으로는 짠한 우리 인생 같았다. 주인공처럼 주목받다가 단역처럼 외면받는, 감탄을 자아내다 탄식을 듣는 것이 우리 인생 아니던가. 이런 쌉쌀한 잡념에 빠진 나를, 옆에 있던 딸아이가 툭툭 건드리며 주운 낙엽 하나를 보여준다.

"아빠, 나 이 낙엽 하나 주워가면 안 돼?"
"안돼, 절대. 흙도 묻었고 너무 지저분해."

아이의 물음에 미간을 찌푸렸다. 안 그래도 아이 키우느라 집 안이 난리다. 낙엽을 집에 들고 들어가면, 흙과 먼지가 떨어지고, 갈기갈기 찢어져 곳곳에 널브러져 있을 것이다. 그걸 누가 치울까? 내가 치운다. 난 단호하고 짜증스럽게 거절할 수밖에 없었다.

"가져갈래. 너무 예쁘잖아!"

역시나 그냥 넘어갈 녀석이 아니었다. 끝까지 낙엽을 버리지 않고 뻗장대더니, 슬그머니 주머니에 넣는다. 나도 싫은 소리 그만하고 싶어 나 몰라라 했다.

며칠이 지났을까. 잠자리에서 아이에게 책을 읽어주고 있었다. 아이는 고단했는지 눈을 비비며 졸려 했다. 책 한 권을 채 읽지 못했다.

"너 잠 왔구나? 그만 읽어야 하는데, 나머지는 내일 읽자. 오늘 여기까지 읽었으니깐……."

내일 마저 읽기 위해, 방금까지 읽은 페이지 모서리를 접으려 했다. 그런데 그때 아이가 졸린 눈을 번쩍 뜨더니, "아빠, 잠깐만!" 하고는 어디론가 성큼성큼 걸어갔다. 무언가를 주섬주섬 찾아오더니, 해사하게 웃으며 낙엽 하나를 건네줬다.

"아빠, 이거 책 사이에 끼워놔."

얼마 전 고집부려 주어 온 낙엽이었다. 까마득하게 잊은 나와는 달리, 아이는 그 낙엽을 소중히 간직했다. 이후에 물감을 칠해주고, 정성스레 말려 근사한 책갈피가 돼있었다. 난 적잖이 놀라며, 더이상 낙엽이 아닌 책갈피를 책장 사이에 끼웠다.

빗질에 쓸리고, 마대에 담겨 버려질 낙엽이었다. 나에겐 성가시고 지저분한 '쓰레기'였다. 그런데 아이 손에 들어가니 '쓸모'가 있는 물건이 됐다. 당장 버리라는 구박만 받던 낙엽이었는데, 이제는 혹여나 찢어질까 조심히 다루어지며, 책장 사이에 고이 간직되고 있었다.

✻

누구 손에 달려있냐가 이렇게 큰 차이를 만든다. 심지어 운명을 재탄생시킨다. 낙엽이 책갈피가 되듯, 사람도 그렇다. 어떤 부모, 어떤 스승, 어떤 친구를 만나느냐에 따라 그 인생의 운명과 쓸모가 뒤바뀐다. 그래서 좋은 만남이 있는 인생은 자신의 잠재력을 실현하며 살아간다. 반면에, 그렇지 못한 인생은 불운한 만남으로 꽃 한번 제대로 피어보지 못하기도 한다. 운명의 장난 같은 만남의 굴레 안에, 누군가는 감사해하고, 누군가는 울분을 토한다.

아이를 위해 기도할 때, 좋은 선생님, 좋은 친구, 복된 만남이 있기를 기도한다. 인생에 큰 영향을 주기 때문이다. 그런데 부모 마음처럼 아이 인생이 흘러갈까? 그렇지 않다. 나도 그런 인생을 살지 못했다. 지우고 싶은 만남과 관계가 한둘이 아니다. 우리 아이 인생도 그렇지 않을까 싶다. 그래서 이 기도의 결국은, 불확실한 사람보다 확실한 하나님과의 만남을 소망하는 것이다. 하나님은 우리 아이를 언제나 사랑과 지혜로 빚으시는 분이기 때문이다.

내가 너를 지명하여 불렀나니 너는 내 것이라(사 43:1).

한때 단풍으로 피었다, 낙엽처럼 덧없이 흙으로 사라질 우리 인생을, 하나님은 지명해 주셨다. 우리와는 무관해 보이는, 완벽한 타자이신 그분께서 '나'와 '너'의 관계로 초청해 주셨다. 그 관계 안에서 우리 인생을 '재탄생' 시키시고 '재정의' 해주셨다. 하나님과의 만남으로 인생이 새롭게 쓰임받게 됐다.

성경의 인물들을 떠올려 보라. 기드온은 가장 작은 므낫세 지파 중에서도 가장 약한 집안에서 태어났고, 그 집안에서도 그는 가장 작은 자였다(삿 6:15). 하나님은 그런 그를 "큰 용사여"라고 말씀해 주셨고(삿 6:12), 실제로 300명으로 대군을 무찌르게 하셨다.

베드로는 어떤가? 물고기 잡는 어부에서 "사람을 낚는 어부"가 됐고(마 4:19), 수천 명에게 복음을 전하고 세례를 주는 초대교회의 유력한 교회 지도자가 됐다. 비방자, 박해자, 폭행자였던 자신을 가리켜 "죄인 중에 내가 괴수니라"고 고백한 바울은, "이방인과 임금들과 이스라엘 자손들에게 전하기 위하여 택한 나의 그릇"이 되어 복음을 전파하며 교회 공동체를 세웠다(행 9:15).

이렇게 성경의 인물들은 하나님 앞에서 인생이 '재정의' 됐고, 하나님은 그에 걸맞게 '쓸모' 있는 인생으로 빚어가셨다. 아이 손에 들린 낙엽이 책갈피가 될 줄 몰랐듯, 하나님의 손에 달린 인생은 누구도 예측할 수 없는 넓이와 높이로 자라갔다. 토기장이이신 하나님의 손에서 걸작품이 됐다. 아이가 낙엽을 하나를 예쁜 색을 칠하고 말려 책갈피라는 생기와 기능을 불어넣었듯 말이다.

우리 자녀가 하나님 안에 있다면, 분명히 특별한 인생이 될 것이다. 비범하고 특출난 실력과 성과를 지닌다는 뜻이 아니다. 세상을 위하던 아이가 하나님의 영광을 나타내고, 나밖에 모르던 아이가 이웃을 섬기고, 복음과 교회를 열방에 확장하는 '귀히 쓰이는 그릇'이 된다는 것이다.

오늘도 나와 같은 부모는, 자녀의 성장과 발전을 위해 이 사람 저 사람 손을 빌린다. 성에 안 차면 부모인 자신이 두 팔 걷어붙이고 직접 나선다. 그런데 우리 하나님보다 우리 자녀를 깊이 알고 사랑하는 존재가 있을까. 우리 하나님보다 뛰어난 존재가 있을까. 우리 하나님과의 사귐보다 더 놀랍고, 새롭고, 황홀한 교제가 있을까. 이 질문을 하다 보면, 우리 아이의 토기장이 되신 하나님께 아이를 의탁할 수밖에 없어진다.

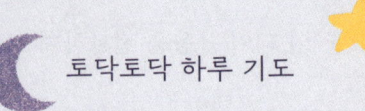 토닥토닥 하루 기도

　권능과 위엄으로 만물을 다스리시는 하나님 아버지, 오늘도 감사합니다. 오늘도 하나님이 지으신 세계 안에서 주의 영광과 지혜를 봅니다. 복되신 삼위 하나님의 흘러넘치는 사랑을 만납니다. 썩어 없어질 인생에 주신 영원한 생명을 누립니다. 베푸신 은혜를 헤아리며 입을 열어 하나님을 노래합니다.

　토기장이이신 하나님, 우리 아이를 깊이 만나주소서. 주님 손에 붙드셔서, 주님 나라에 쓰임 받는 인생으로 빚어주소서. 세상과 사람이 아닌 하나님과 교회가 주목하는 걸작으로 만들어 주소서. 주님 보시기에 특별하고 쓸모 있는 인생이 되게 하소서.

　아이가 자신의 정체성을 하나님 앞에서 규정하게 하소서. 은혜를 구하며 은사를 발견하게 하시고, 자비를 구하며 사명을 깨닫게 하소서. 그래서 하나님과 이웃을 사랑으로 섬기며 복음과 교회를 열방에 확장하는 존귀한 그릇이 되게 하소서. 온 우주의 왕으로서 이 땅의 사명을 주시는 예수 그리스도 이름으로 기도합니다. 아멘.

**DAY 27.
사랑 고백**

얘야, 아빠 사랑하니?

"얘야, 아빠 사랑하니?"
"얘야, 넌 아빠가 좋아 엄마가 좋아?"

이제는 좀 컸다고 사랑한다는 말도 잘 안 해준다. 아빠와 엄마 중 누가 더 좋냐는 질문에는, 딱 잘라 "엄마"라고 답한다. 이 대답에 마음이 찌르르 아프곤 한다. 그래, 엄마를 좋아하는 거니까 여기까지는 참을 만하다. 더 충격적인 고백은, "아빠 나 OO이 좋아해"다. 아이들이 유치원에서 친구를 사귀며, 좋아하는 남자아이(남자 친구라 말하기도 싫은)가 생기는 것이다!

역시 딸 키우기엔 세상은 위험하다. 그리고 챔피언에 오른

격투기 선수의 '밈'~meme~이 이제야 와닿는다.

"다음 저의 상대는 제 딸의 남자 친구입니다!"

나도 글러브라도 끼고 유치원에 찾아가야 하나, 했다. 그러다 이런 내 마음이 궁금해졌다. 누구한테 이렇게 매달려 본 적이 있는가. 사람에게 주로 무던하고 무뚝뚝하게 반응했다. 하지만 지금은 유독 아이의 마음을 몽땅 차지하고 싶다. 다 큰 어른이지만, 아이는 나에게 '갑'이고, 나는 아이에게 '을'이다. 아이가 사랑한다는 말을 던져주면 헤벌쭉 웃다가, 엄마나 친구가 더 좋다 하면 뒤에서 눈물을 훔치니 말이다.

원래 옛적부터 더 사랑하는 사람이 약자다. 나는 아이를 만나기 훨씬 전부터 이름을 지으며, 함께할 날을 꿈꾸며, 부어줄 사랑을 준비했다. 아이가 나를 사랑하는 마음과 내가 아이를 사랑하는 마음은 감히 견줄 수 없다. 그러니 아이보다 몸은 크고 나이만 많았지, 아이를 오매불망하는 작은 자일 뿐이다. 배반하고 실패하며 보잘것없던 제자 베드로였지만, 끝까지 찾아가서서 "네가 나를 사랑하느냐"고 물으신 예수님의 심정도 이와 같지 않았을까?

※

제자들은 바람과 물결 소리만 겉도는 적막한 배에 있었다. 부활하신 예수님을 만나고, 그분의 명령대로 갈릴리에 오기는 했지만, 그들의 삶은 여전히 맥없어 보였다. 특히 베드로가 그랬다. 사랑하는 주님이 잔혹한 십자가에 못 박히신 충격적인 사건, 그 과정에서 예수님을 철저히 부인한 자신의 수치스러운 범죄, 최근에 휘몰아쳤던 좌절에서 빠져나오기란 쉽지 않았을 것이다. 그가 할 수 있는 일은 묵묵히 고기 잡는 일에 몰두하는 것이었다. 제자다움을 상실한 채.

그런 그들에게 예수님이 찾아오셨다. 날이 어둑한 탓인지, 그들이 쇠잔한 탓인지, 제자들은 예수님을 알아채지 못했다. 예수님은 제자들을 측은하게 바라보시며 물고기를 잡았는지 물으셨다. 물고기가 없다는 대답을 들으시곤 그물을 배 오른 편에 던지라고 말씀하신다. 그러자 그물을 들 수 없을 정도의 풍족한 물고기가 잡혔다.

"주님이시다!"

예수님이 사랑하는 제자, 요한은 그제서야 예수님을 알아차렸고, 주님이시라고 소리쳤다. 베드로는 평소 급한 성격 그대로 물에 뛰어들었다. 그만큼 그는 예수님을 그리워했다. 베드로는 예수님에게 죄송하다고, 그동안 죄책감에 괴로웠다고 말씀드리고 싶었을 것이다. 그런데 예수님은 그저 먹음직스런 생선과 떡을 준비하시며 끼니를 챙겨주셨다. 그리고 입을 여시며 무거운 침묵을 깨셨다. 베드로는 무슨 말씀을 하실까 긴장하며 침을 한 번 꿀꺽 삼켰을 것이다.

"시몬아, 네가 나를 사랑하느냐?"

왜 질책하며 불호령하지 않으셨을까? 예전에는 이 질문이 테스트처럼 보였다. 지금은 아빠가 돼보니, 이 말씀이 예수님의 질문이 아니라 고백으로 들린다. 예수님은 베드로를 진정으로 사랑하셨다. 그 사랑은 단 한순간도 흔들리지 않으셨다. 베드로가 당신을 부인하고 배반했을 때도, 제자의 사명을 뒤로하고 어부의 삶으로 돌아갔을 때도. 그래서 부활하신 후 찾아가셨고, 깊은 사연을 뒤로하고 고작 물으신 것이 "네가 나를 사랑하느냐"였다.

예수님은 베드로를 사랑하셨기에 베드로의 사랑 고백을 듣고 싶으셨다! 그리고 그 사랑에서 함께하고 싶으셨다!

※

사랑은 그 대상에 머무르게 한다. 매일매일, 아니 영원토록 함께하고 싶은 열정을 일으킨다. 나도 그랬다. 누군가를 사랑할 때 그 주변을 맴돌며 그 곁을 떠나지 않았다. 그래서 베드로가 "내가 주님을 사랑하는 줄 주님께서 아시나이다"라고 고백하자, 예수님은 그에게 제자의 사명을 주셨다. 주와 함께라면 옥에도, 죽는 데에도 가는 삶을 살게 하셨다. 사랑해서 사랑을 물으셨고, 그 사랑을 들으시자 그와 영원토록 함께하신 것이다.

하나님은 사랑이시다. 그분의 사랑은 완전하고 영원하다. 그래서 어떠한 결핍도 없으시다. 우리는 사랑받지 못하면 폭삭 곯지만, 하나님은 스스로 충만하시다. 그런데 하나님은 마치 우리의 사랑이 없으면 존재하지 못하시는 것처럼 우리의 사랑을 바라신다. 자신을 '질투하는 하나님'이라까지 소개하신다. 질투는 독점하고 싶고, 열심을 내고 싶을 정도로 애정하는 대상이 있을 때 생기는 감정이다. 그만큼 우리를 향한 하나님의 사랑은 강렬하다.

끝이 아니다. 하나님 당신을 사랑하는지 누차 물으시며, 당신을 사랑하라 명하신다. 하나님을 사랑하는 자가 하나님 안에 거할 수 있다. 하나님은 우리의 참된 안식처이자 요새이기에 가장 안전한 곳이다. 따라서 하나님을 사랑할 때 우리의 영혼은 언제나 안전하고, 우리의 인생은 평생 행복할 수 있다. 그래서 하나님은 당신 안에 거하도록 사랑하라고 호소하고 계신다.

아빠인 나는 오늘도 자녀의 사랑과 관심이 고프다. 아이의 사랑 고백은 신기하게도 물리지 않는다. 들을 때마다 새롭고, 짜릿하고, 배까지 부르다. 아이가 내 곁에 머물러 있다는 증표니 마음이 놓인다. 그럼에도 내가 기억해야 할 것이 있다. 나보다 나의 자녀를 더 사랑하시는 분은 하나님이시다. 우리 자녀가 진정으로 머물러야 할 곳은 하나님이시다. 그래서 우리는 오늘도 "엄마가 좋아 아빠가 좋아?"보다, 주님이 베드로에게 하신 그 질문을 아이한테 해야 하지 않을까 싶다.

"애야, 너 하나님 사랑하니?"

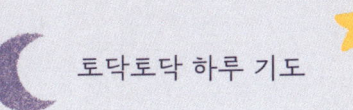

토닥토닥 하루 기도

은혜의 하나님, 오늘도 저는 부모로서 사랑이 부족해 허덕이며 절망합니다. 그래서 하나님의 자비와 사랑 안에 뛰어들기 원합니다. 저를 이끄사 하나님의 깊은 사랑 안에 잠기게 하시고, 사랑이 차고 넘쳐흐르는 복된 부모가 되게 하소서.

하나님, 아이가 앞으로 살아가며 많은 사랑의 대상을 품을 것입니다. 그때 "나를 사랑하사 나를 위하여 자기 자신을 버리신" 예수 그리스도를 묵상하게 하소서. 모든 것을 내어 주신 하나님에게, 아이가 "제가 주님을 전심으로 사랑합니다"라고 입을 열어 고백하며 주님에게 응답하게 하소서. 그 사랑의 고백으로 하나님의 마음을 기쁘시게 하는 아이가 되게 하소서.

아이가 하나님을 사랑함으로 하나님에게 이끌리기를 기도합니다. 하나님을 벗어나려는 습성을 물리쳐 주시고, 오직 하나님 안에 삶이 고정되게 하사 참 자유와 안식, 평강과 기쁨을 누리게 하소서. 우리 구주이신 예수 그리스도 이름으로 기도합니다. 아멘.

DAY 28.
아버지의 시선

아빠, 나 봤어?

첫째 아이의 유치원 발표회에 가족 모두가 참석했다. 가정이 세워지고 처음 있는 발표회라 우리 부부는 야단스러울 것 같았지만, 의외로 차분했다. 이미 두어 달 전부터 집에서 연습하던 아이를 지겹도록 지켜보았고, 이런 행사는 그동안 교회에서 수없이 해보았기에 그랬던 것 같다. 무엇보다 얌전하고 조용한 성격 탓이 가장 컸다.

자리를 잡고 앉았다. 주변을 스리슬쩍 둘러보니 내 정서와는 맞지 않는 꼴사나운 광경이 펼쳐져 있었다. 많은 부모가 콘서트장에나 있을 법한 자녀 이름의 플래카드를 갖고 있었고, LED 야광 응원봉까지 흔들고 있었다. 우리는 기껏 꽃다발 하나 준비했는데. 그 모습을 보고 '아차! 나도 준비할걸!', '이번에 배웠으니 다음에는 잘 챙겨와야지'라고, 조금도 생각하지 않았다. '다들 정말 극성이다'라며 비꼬았다. 나는 상식 있는 아빠답게 고상하게, 기도하는 마음으로 경건하고 잠잠하게 있었다. 마침, 내 마음을 대변하는 듯한 사회자의 안내 멘트가 들려왔다.

> "오늘 오신 부모님들께서는 내 아이만 보시지 마시고,
> 모든 아이를 사랑의 마음으로 보시면서
> 박수와 축복을 아끼지 말아주시기 바랍니다!"

백번 지당하신 말씀이었다. 속으로 '아멘'을 외치며, 다른 부모를 남몰래 흘기며 무언의 핀잔을 줬다. 그렇게 거드름 피우며 행사를 기다렸다. 그리고 머지않아 딸아이가 반 친구들과 함께 줄을 지어 나오는데, 이윽고 나는 기이한 경험을 하게 됐다.

내 아이에게만 유독 눈부신 핀 조명이 쏟아졌다. 눈을 비벼도 그 환영은 사라지지 않았다. 수십 명의 아이가 있었는데 내 아이만 보였다. 미안하게도 다른 아이들은 암전 속에 묻힌 엑스트라였고, 나의 눈길은 딸아이만 쫄래쫄래 쫓아다녔다. 발표회 주제는 '우리들의 축제'였지만, 나에게는 내 아이의 '단독 콘

서트'였다. 그렇게 눈을 뗄 수가 없었다. 지난날의 교만을 뉘우치며 아내에게 이렇게 말했다.

"우리도 내년에는 플래카드, 현수막, 야광봉,
아이 이름 새긴 머리띠까지 하고 오자!"

행사 전 사회자가 왜 그렇게 당부했는지 알겠다. 부모는 본능적으로 자녀에게만 시선이 쏠린다. 군중 속에 있더라도 자녀를 쉽게 포착한다. 나도 다른 부모와 진배없었다. 생각해 보니, 아이의 졸업 사진을 볼 때도 그랬다. 스무 명 가까이 되는 아이들이 사진에 있었다. 비슷한 키의 아이들, 더 비슷한 머리 스타일, 거기에 똑같은 모자와 가운. 그때도 딸아이를 단박에 찾았다. 내 딸만 보겠다는 의지 때문인지, 내 눈이 딸에게 끌려간 것인지 모르겠다.

✽

하나님은 영이시라 눈으로 볼 수 없는 분이다. 가끔은 하나님이 어디 계신지, 무엇을 하시는지 궁금하다. 하나님이 눈을 감은 채 숨어서, 나를 외면하고 계신 건 아닌지 의심한다. 하지만 이것은 큰 오해다. 하나님은 당신의 자녀에게서 '눈'을 떼지 못하신다. "연초부터 연말까지 네 하나님 여호와의 눈이 항상 그 위에 있느니라"(신 11:12)고 말씀하셨다.

하나님의 시선은 사랑을 뜻한다. 미워하면 꼴도 보기 싫다. 얼굴을 보면 죄짓고 싶은 충동이 싹튼다. 마주 보는 것 자체가 곤욕이다. 하지만 사랑하면 눈에서 끈덕진 꿀이 뚝뚝 떨어진다. 시선은 만족을 모르고 얼굴을 떠나지 못한다. 내가 유치원 발표회에서, 유치원 졸업 사진에서 딸에게만 시선이 꽂혔듯이. 보는 것만으로 행복하고, 보지 못하는 것은 무거운 형벌이나 다름없다. 그래서 하나님은 하나님의 자녀를 사랑하심으로, 늘 그윽하게 눈으로 바라보시는 것이다.

그리고 하나님의 시선은 보호를 약속한다. 부모는 자녀 곁을 지키고자 주변을 빈틈없이 경계한다. 누가 괴롭힐까 봐, 차나 자전거가 달려올까 봐, 걸려 넘어질까 봐 노심초사하면서. 사건 사고가 나면 쏜살같이 출동할 준비가 항시 돼있다. 그 시선을 쏘아줄 사람은 부모뿐이다. 하나님도 불꽃 같은 눈을 부릅뜨고, 그 누구도 자녀의 털끝 하나 건들지 못하도록 지켜보고 계신다.

다윗은 이러한 하나님의 시선으로 사랑과 보호를 경험했다. 그는 젊은 시절에 사울에게 쫓겨 다녔다. 수많은 대적의 눈을 피해 숨어 지내야 했다. 사람의 눈에 띄면 안 됐다. 그런 그가 가드 왕 아기스에게로 피했다. 하지만 그곳에서도 편치 못했다. 다윗이 골리앗을 이긴 소식을 신하들이 아기스에게 말했고, 아기스 또한 사울처럼 다윗을 해할 수도 있는 상황이었다. 그래서 그는 아기스 앞에서 미친 체를 했고, 침을 흘리며 그의 눈을 속여야 했다. 굴욕적이어서 서러울 만도 했다. 그러나 그는 이렇게 고백한다.

여호와의 눈은 의인을 향하시고 그의 귀는 그들의 부르짖음에 기울이시는도다(시 34:15).

불안을 움켜쥐고 도피하는 길에도, 미친 체하는 굴욕적인 상황에도, 하나님의 눈은 그를 향했고 하나님은 그를 구원해 주셨다. 다윗은 알았다. 대적의 눈을 피해, 대적의 눈을 속이면서 살고 있었지만, 자기를 신실하게 사랑하시고, 완벽하게 보호하시는 눈이 자신을 뚫어져라 쳐다보고 있었다는 사실을.

다윗뿐이 아니다. 하나님은 아무 잘못 없이 사라에게 학대당해 오갈 곳 없는 하갈을 살피셨고(창 16:13), 무심한 남편 야곱에게 외면당해 사랑받지 못하는 레아를 보시며 돌보아 주셨다(창 29:31-32). 하나님은 그 시선을 단 1초도 거두지 않으신다. 독생자 예수님을 사람의 몸으로 보내셔서, 직접 눈을 맞추시며 사랑과 치유를 베푸셨다.

❋

아이의 발표회가 마쳤다. 아이는 고개를 바쁘게 요리조리 돌리며 엄마와 아빠를 찾았다. 이미 자기만 바라보고 있다는 것을 모르는 듯이. 엄마와 아빠의 눈길을 마주친 아이는 그제야 활짝 웃으며 달려왔다.

"아빠, 나 봤어? 나 율동하는 거 봤어? 부채춤도 봤어? 나 잘했어?"

"그럼! 너 엄청 잘하더라. 너가 제일 잘하던데? 아빠 다 봤어!"

아이는 그렇게 재차 물었다. 아이도 아는 것이다. 엄마와 아빠는 자기만 응시하는 존재라는 것을. 아이도 느끼는 것이다. 그 시선이 곧 사랑이라는 것을. 아이는 그 시선으로 부모의 사랑을 확인하며, 그 안에서 평온해 했다.

아이만 바라보는 내 모습을 보며, 아이에게만 고정된 나의 시선을 느끼며, 졸지도 주무시지도 않으시며 나와 나의 자녀를 바라보시는 하나님을 묵상한다. 아이가 자기를 보고 있는지 확인하고 또 확인할 때도 나는 이미 아이를 보고 있듯이, 내가 하나님을 찾을 때도, 하나님을 의심할 때도, 하나님은 이미 나와 나의 자녀를 바라보고 계신다. 그렇게 굽어살피시며 사랑과 보호를 베풀고 계신다.

아이를 항상 옆에 두고 볼 수만은 없기에 걱정이 많다. 유치원에 있으면 선생님 말씀을 잘 듣는지, 친구들하고 다투지 않고 정겹게 노는지, 밥은 골고루 충분하게 먹는지, 혹여나 사고를 당하거나 아프지는 않을지 궁금하고 걱정된다. 그러다가 지금까지의 나를 지켜보시며 지켜주신 하나님 시선을 의지해 본다. 그래, 나보다 더 큰 사랑과 힘을 가지신 하나님이 내 아이를 뚫어져라 살피신다. 내가 오늘도 아이를 집 밖으로 자신 있게 내보낼 수 있는 이유다.

토닥토닥 하루 기도

 이 땅을 굽어살피시며 돌보시는 하나님, 오늘도 저와 우리 자녀를 주목하시며, 필요를 공급해 주시니 감사합니다. 제가 하나님을 보지 못할 때도, 하나님을 멀리할 때도, 하나님을 의심할 때도, 저에게 그 시선을 신실하게 베푸신 은혜에 감사합니다.
 하나님, 부모로서 누구보다 자녀를 열심히 응시하지만, 매순간 함께할 수는 없습니다. 그래서 아이를 향한 하나님의 시선을 의지하며 신뢰합니다. 하나님의 눈을 아이에게 향하여 주시고, 아이가 그 하나님의 시선 안에서 포근한 사랑과 든든한 보호를 누리게 하소서.
 아이도 눈을 들어 천지를 지으신 여호와 하나님을 바라보게 하소서. 졸지도 주무시지도 않으시며 지켜주시는 하나님을 의지하게 하소서. 부모가 없을 때도, 하나님과 눈을 맞추며 평안을 누리게 하소서. 이 모든 은혜에 감사드리며, 우리 주 예수 그리스도 이름으로 기도합니다. 아멘.

DAY 29.
하나님의 자녀

엄마! 나 배고파!

"엄마! 나 배고파!"

아내를 춤추게 하는 마법 같은 말이다. 아내는 이 말만 들으면 울적하다가도 화색이 돈다. 입으로는 귀찮다며 툴툴대지만, 냉장고로 사뿐사뿐 걸어가는 발걸음에는 흥이 느껴지고, 입가는 웃음이 새어 나온다. 그리고 순식간에 푸진 밥상을 차려오는 아내, 아니 아이 엄마다.

참 희한하다. 나는 아이들 밥 먹이는 일이 세상 번거롭다. 간혹 내가 아이들의 밥을 차려줄 때면, 흰밥에 계란후라이 하나 툭 올리고 간장과 참기름 한 바퀴 휘휘 둘러 쓱쓱 비벼준다. 아니면 햄 한 주먹과 남은 야채, 거기에 만능 굴 소스 한 스푼을 모두 프라이팬 하나에 넣어 우당탕 볶아준다. 아내가 국을 끓여놓았으면 더 쉽다. 국에 밥 말아 폭풍 가위질만 하면 한 그릇 일품요리가 된다.

나만의 요리 철학이 있다. 조리는 간단해야 하고, 뒤처리는 더 간단해야 한다는 것. 그래서 아빠가 밥해준다고 하면, 아이들은 벌써, "또 간장 계란밥이야?" "또 볶음밥이야?"라며 볼멘소리로 투덜댄다. 아이들의 성화에 1도 타격 없는 나는, 오히려 속으로 다짐한다. '조금만 기다려라. 조금만 더 크면 배달음식이다!'

요리는 서툴어도 나도 아빠로서 존재감을 드러내는, 어깨가 으쓱해지는 순간이 있다. 바로 '운전'이다. 억수로 비가 쏟아지는 날에는 직접 등원을 시키고, 어둑해진 저녁에는 학원으로 아이를 모시러(?) 간다. 그때 아이가 차에 편안히 있거나, 살포시 잠까지 들면, 대통령을 모신 듯한 뿌듯함이 차오른다. 우리 집에서는 아빠만 해줄 수 있는, 아빠다운 일이라 그런 것 같다.

관계가 깊어지려면, 상대에게 '나는 당신이 필요합니다'라는 '그린라이트'를 계속해서 보내야 한다. 내가 누군가한테 도움이 될 때, 사람은 그 관계에 진심으로 참여하고 싶어진다. 필요를 채워주며, 인정도 받고 싶은 것이 사람 마음이다. '나 혼자 다 할 수 있어!' '나 하나면 충분해!'라는 태도보다는, 나의 부족함을 인정하고 상대를 존중하며 손길을 요청한다면, 관계는 신뢰로 두터워지게 된다. 부모와 자녀의 관계도 마찬가지다. 부모도 자녀가 자신을 찾으며 필요를 구할 때 관계의 기쁨을 얻는다. 아이들에 엄마에게 밥을 달라는 것처럼, 나에게 운전을 해달라는 것처럼. 그런데 나는 이 사실을 결혼 후에야 깨달았다.

"알아서 할게요!"

첫째 아들로 자라면서 내가 부모님에게 자주 했던 말이다. 첫째이고, 남자여서 속마음을 표현하거나 도움을 받는 것에 서툴렀다. 나름 배려이기도 했다. 혼자 알아서 밥도 챙겨 먹고, 문제도 척척 해결하면 모두가 편하니 말이다. 또 책임감과 독립성이라는 장점이 될 수도 있다 생각했다.

그런데 아니었다. 세 살 버릇 여든까지 가듯, 결혼해서 남편이 됐지만, 그 버릇은 여전했다. 부모님에게 하던 말버릇을 아내에게도 고스란히 들려줬다. "먹고 싶은 거 있어?" "필요한 거 있어?" "도와줄까?"라는 선의의 말에, 난 한결같이 "알아서 할게!"라고 답했다. 아내를 배려할 줄 알고, 손 많이 안 가는 남편이라고 스스로 자부하면서.

그런데 아내의 반응은 감사나 칭찬이나 자랑이 아니라, "서운해!"라는 싸늘한 말이었다. 그때 알았다. 사랑하는 사람일수록 서로가 필요하다는 것을. 밥 달라고 닦달하는 아이들이 있어 행복해하는 아내를 보면서 한 번 더 절감했다.

※

우리 주님도 어린아이처럼 당신을 찾으며 필요로 하는 자를 기뻐하셨다. 예수님은 수많은 기적과 하늘의 진리를 베푸시며 한창 군중을 몰고 다니셨다. 그러던 어느 날, 어린 아기를 데리고 온 부모가 있었다. 예수님 품에 안겨 기도를 받게 하고 싶었을 것이다. 그 기도로 아이가 지혜롭고 사랑스럽게 자라기를 바랐을 것이다. 그런데 예기치 못한 일이 벌어졌다. 제자들이 어린 아기를 데려온 부모를 보고 제지하며 꾸짖었다. 예수님의 최측근인 제자들의 행동에 사람들은 위압감을 느꼈을 것이다.

제자들이 왜 그렇게 행동했는지 짐작은 된다. 나도 아이 셋 부모로서 외부에 나가면 늘 눈치를 보고 조심스럽게 다닌다. 아이들이 주변을 불편하게 만들 수 있기 때문이다. 그래서 외식을 하더라도, 사람 적은 시간에 식당을 방문한다. '노 키즈 존'No Kids Zone까지 만들어 아이들을 제지하는(취지는 보호라고 하지만) 한국 사회에서는 눈치껏 지켜야 할 에티켓이다. 아마 제자들도 예수님의 사역을 지키고자 그렇게 처신했을 것이다.

그러나 예수님은 다르셨다. '노 키즈 존'을 시행한 제자들과 달리 예수님은 '웰컴 키즈 존' Welcome Kids Zone을 선언하셨다. 민망해하며 뒷걸음치던 아이들을 예수님은 가까이 오게 하셨다. 그리고 오히려 아이들로 어른들을 부끄럽게 하셨다.

예수께서 그 어린 아이들을 불러 가까이 하시고 이르시되 어린 아이들이 내게 오는 것을 용납하고 금하지 말라 하나님의 나라가 이런 자의 것이니라(눅 18:16).

예수님은 아이들이 오는 것을 막지 말라고 단언하셨다. 오히려 어린아이들이 하나님 나라를 소유했다고 교훈하신다. 힘이 있어 어린아이를 제재했던 어른을 향해, 예수님은 어린아이를 치켜세우셨다. 무슨 뜻이 있으셨을까?

아이는 부모 없이 살 수 없는 존재다. 우리 집 삼 남매가 그렇다. 첫째 아이는 혼자 할 수 있는 일이어도 일단 엄마를 찾는다. 둘째 아이는 엄마를 차지하려고 괜히 한 번씩 부른다. 막내는 할 줄 아는 것이 없어 시도 때도 없이 엄마를 찾는다. 아빠도 만만치 않게 찾는다. 아이들을 피해 도망가면 잡으러 온다. 누워있으면 점프해서 배로 뛰어든다. 방이나 베란다로 피신해 있으면 그곳은 금세 어린이집이 된다. 그만큼 아이들은 부모에게 '의존적'이다.

예수님은 아이의 특성으로 신앙을 가르치셨다. 아이는 장성해 어른이 돼야 하지만, 신앙은 어린아이에 머물러야 한다. 아이처럼 하나님을 찾으며 갈망해야 한다. 아이처럼 하나님 없이는 살 수 없어야 한다. 그런 자가 하나님 나라를 소유한, 구원받은 백성이라는 것이다. 그래서 하나님 없이 자신의 지위와 의로움에 심취돼 있는 재판장이나 바리새인, 어른 행세를 하는 제자들을 책망하셨다.

'하나님의 자녀'라는 말, 아이에게는 또박또박 가르친다. "나는 하나님의 자녀입니다!"라고 연거푸 외치도록 한다. 그런데 나이가 들고, 신앙의 연차가 쌓인 나에게는, 어색한 표현이 돼 버렸다. 그래서 부모를 찾는 아이들을 보며 '어린아이'의 마음을 배운다.

이 아이들도 아빠처럼 머리만 커져서는 안 된다. 제자들처럼 어린아이를 밀치고 몰아내지 말고, 지금 아이의 마음을 소중히 간직하도록 지켜줘야 한다. 그래서 나와 내 아이들은 어린아이의 신앙으로 하나님을 필요로 하며 찾고 또 찾아야 한다. 우리는 하나님 앞에서 언제나 어린아이니깐.

요즘은 아빠를 부르기보다 아빠라고 불리는 것이 익숙하다. 그래도 내가 먼저 모범을 보이며 어린아이의 마음으로 하나님 아빠를 찾아본다. 내 아이가 나에게 활짝 웃으며 뛰어오듯 하나님께 달려가 본다. 사슴이 시냇물을 찾듯이 말이다. 그리고 그분 앞에서 이런 고백을 드려본다. 이 고백에도 하나님을 기뻐 춤추시게 만드는 마법이지 않을까.

"하나님 아버지, 난 당신의 아들입니다.
그래서 난 하나님 아버지가 언제나 필요합니다.
내가 하나님을 간절히 찾고 갈망할 때마다
나의 도움, 나의 피난처가 되어주소서."

🌙 토닥토닥 하루 기도

하나님 아버지, 제가 하나님을 아버지라 부를 수 있음에 감사합니다. 어른이 되고 부모가 됐지만, 여전히 하나님 없이 살 수 없는 하나님의 자녀입니다. 아이가 저를 애타게 찾듯이, 저도 갈급한 삶 속에서 하나님을 간절히 찾는 어린아이가 되게 하소서. 하나님만이 나의 도움, 피난처라는 순전한 고백이 삶에 가득 울려 퍼지게 하소서.

자녀의 신앙을 놓고 기도합니다. 아이가 장성할 때 몸과 마음에는 늠름함을 주시되 신앙만큼은 어린아이가 되게 하소서. 자신의 지위와 의로움에 도취하지 않도록 성령께서 지도하소서. 하나님의 딸, 하나님의 아들로서 하나님 나라를 소유하며 갈망하게 하소서. 그래서 주님의 그 넓은 품 안에서 마음껏 뛰놀며 주님과 친밀히 교제하게 하소서. 우리 구주이신 예수님 이름으로 기도합니다. 아멘.

DAY 30.
오직 하나님께 영광

핼러윈은 나쁜 거지?

나는 아이들과 쇼핑할 때마다 '다○○'에 간다. 다채로운 상품이 진열돼 있어 구경하는 재미가 있고, 한 곳에서 쇼핑을 해결하니 효율적이다. 가장 큰 장점은 저렴하다는 것이다. 아이들이 어떤 물건을 골라도 위축되지 않는다. 그곳에서만큼은 부자 엄마, 부자 아빠다.

그날도 아내는 아이들과 필요한 물건이 있어 '다○○'에 갔다. 아이들은 문 앞에서부터 꼬리를 흔드는 강아지처럼 들떠 있었다. 아무리 저렴해도 우리만의 규칙은 있다. 그래서 입장 전 아내는 아이들에게 꼭 이렇게 당부한다.

"갖고 싶은 거 사도 되는데, 두 개씩만 고르기. 알겠지?"

"(아이들이 합창하듯) 네!"

이때만큼은 아이들은 순한 어린양이 되어, 평소와 달리 입을 모아 우렁차게 대답한다. 모처럼 평화로운 분위기 속에서 스크린도어를 열고 들어갔다. 그런데 이런, 마음껏 고르게 하고 싶었던 엄마의 계획이 무산됐다. 매장 초입부터 핼러윈Halloween을 겨냥한 상품들, 옷, 망토, 머리띠, 인형, 랜턴, 가랜드 등이 잔뜩 진열돼 있었다. 핼러윈은 우리 가정의 관심 밖이라 시즌인지도 몰랐다. 그래도 다행히 그동안 아이들에게 핼러윈에 대해 지겹게 교육한 터라 무탈하게 지나가는 듯했다. 그런데 둘째 녀석이 핼러윈 상품을 고르고 있는 다른 아이와 아빠를 향해 손가락을 뻗으며, 큰 목청으로 말했다.

"엄마! 핼러윈 저런 거 사면 안 된다 했지? 그렇지? 나쁜 거지?"

아내는 심히 당황했다. 그 아이 아빠와 눈까지 마주쳐 민망했다. 아내는 아이의 뻗은 손을 재빨리 내리고 입을 막았다. 그리고 아이 귀에 대고 다급히 속삭였다.

"예수님 안 믿는 사람이면 그럴 수 있어. 그리고 그런 이야기는 나중에 조용히 해야지."

아내는 그 순간에는 아이를 나무랐지만, 나중에 말하길 아이의 신앙 교육이 똑바로 돼있어 다행이라 했다. 우리 아이들은 핼러윈은 그리스도인으로서 참여하면 안 되는 문화라는 것을 제대로 알고 있었다. 아주 어릴 때부터 해마다 주입해서인지, 지금은 핼러윈 문화에 참여하고 싶거나, 핼러윈 용품을 사고 싶어 하지 않는다. 만화를 보다가도 핼러윈 에피소드가 나오면 채널을 스스로 바꿀 정도로 훈련이 아주 잘 돼있다.

나는 유소년 시절에 핼러윈을 접하지 못해 크게 고민해 본 기억도 없다. 그 부모에 그 아이라고, 우리 아이들도 아주 어릴 때는 전혀 모르고 자랐다. 그런데 어린이집이라는 세상으로 나가보니, 핼러윈을 접할 수밖에 없었다. 어린이집의 큰 행사였고, 이미 다른 아이들은 그 축제를 익숙하게 즐기고 있었다. 그래서 나도 요즘 아이들뿐만 아니라 어른까지도 참여하는 핼러윈이 무엇인지 알고 참여하는 것인지 궁금했다.

고대 켈트족은 자신과 소산물을 보호하기 위해, 죽은 영혼을 달래고 악령을 쫓았던 사윈 Samhain 이라는 축제를 지켰다. 이 축제와 로마 카톨릭의 모든 성인(聖人)을 기리는 만성절 All Hallows Day 이 교묘하게 융합됐다. 그리고 그것이 상업적으로 발전해, 오늘날의 핼러윈 Halloween 문화로 전해졌다. 이렇게 핼러윈은 악령, 유령, 죽은 자와 연관된 문화다. 그래서 얼굴에 가면을 쓰거나 해괴한 분칠을 하고, 귀신 코스튬을 입는다. 잭 오랜턴 Jack O'Lantern을 걸어 놓거나 들고 다니며, "트릭 오어 트 릿"(trick or treat!, 과자를 안 주면 장난칠 거예요!)을 외친다.

  이 유래를 알면 핼러윈은 아이들의 정서에 그다지 유익하지 않다. 그리스도를 믿는 신앙 안에서 절대 포용할 수도 없다. 하지만 어린이집에서는 '문화'와 '놀이'라는 미명 아래 거리낌 없이 시행했다. 아이들은 재미가 있으니 무분별하게 수용한다. 이 행사의 '인싸'가 되기 위해 코스튬, 망토, 모자, 호박 머리띠, 사탕 등 장비를 열심히 챙길 뿐이다. 원래 문화라는 것이 그렇다. "문화니깐", "원래 다 하니깐"이라 말하면서 재밌으면 그만이다. 건강한 비평 대신 일방적인 수용뿐이다.

  어린이집에서 핼러윈 행사를 할 때면, 아내와 나는 심각하게 고민하며 상의했다. 아이를 보내자니 그런 문화에 금방 젖어들 것 같았다. 보내지 않자니 아이가 소외될 것 같았다. 그리고 준비한 어린이집에 결례를 끼쳐 아이가 미운털이 박힐까 걱정됐다. 고심 끝에 우리는 아이를 보내지 않았다. 대신 어린이집에는 결석 사유를 가정 사정이라고 에둘러 말했다.

  이러한 일이 있을 때마다 거부하고 저항한다는 것, 난감하고 어려운 일이다. 특히나 내가 아닌 아이와 연관돼 있으니 말이다. 강직한 성향의 부모라도 자녀가 생기면 '안전제일주의' 성향이 된다. 자녀는 무던하게 어울리며 모나지 않고, 티 나지 않게 지내기를 바란다. 갈등과 대립은 가급적 피해야 하고, 투쟁은 내 자녀에게만큼은 허락할 수 없는 영역이다. 모두 자녀의 안전 때문이다.

그런데 그리스도인으로서 자녀를 양육해 보니, 그러한 바람은 불가능하다. 옳지도 않다. 어둠과 거짓의 세상 속에서 진리의 빛을 품은 이상, 충돌과 싸움을 불가피하다. 구원의 은혜를 얻었지만, 조롱, 비판, 무시와 괄시, 불이익을 받기도 해야 한다. 다수 안에서 소수로 견뎌야 한다.

그러한 삶을 나만 산다면 괜찮지만, 아이가 겪을 생각을 하니 아찔하다. 그래서 자녀는 타협하게 만들고 싶은 충동이 드나 보다. 그래도 어찌 그럴 수 있겠는가. 나와 나의 자녀는 그저 그런 '사람'이 아닌 부름을 받은 '그리스도인'이며, 세상에 사나 세상에 속하지 않은 존재다!

열흘 후에 그들의 얼굴이 더욱 아름답고 살이 더욱 윤택하여 왕의 음식을 먹는 다른 소년들보다 더 좋아 보이지라(단 1:15).

다니엘, 하나냐, 미사엘, 아사랴가 왕의 식탁을 거절한 결과다. 바벨론은 이 네 사람을 충신으로 훈련시키려 했을 것이다. 왕의 식탁을 받으면, 왕의 음식을 먹은 자로서 '로열 로드' royal road를 걸을 수 있었다. 포로에서 수직적인 신분 상승을 할 수 있었다. 그러나 그들은 그 출셋길을 가볍게 마다했다. 환관장은 그들이 초췌해질까 봐 두려워했지만, 그들은 채식과 물만 먹고도 더욱 아름다워 윤택함을 뽐냈다. 바벨론 제국 안에 있었지만 제국을 따르지 않았던, 그러면서 믿음의 아름다움을 발산했던 그들이다.

다니엘과 세 친구는 바벨론에서 도망치지 않았으며, 바벨론을 따르지도 않았다. 존 스토트 John R. W. Stott 는 「제자도」(IVP)에서 "우리는 도피주의와 순응주의 둘 다 피해야 한다"고 했는데, 이를 정확하게 실천한 것이다. 제자는 세상 속에서 어떻게 살아야 하는지 스토트의 단호하면서 분명한 조언을 조금 더 듣고 싶다. 그는 다원주의, 물질주의, 상대주의, 나르시시즘이라는 이미 침투해 고지를 점령해 보이는 듯한 거대한 시대적 풍조를 다루면서 이렇게 말한다.

우리는 여론의 세찬 돌풍에 굴복해 이리저리 흔들리는 갈대가 아니라, 계곡의 바위처럼 흔들리지 않는 존재가 돼야 한다. 우리는 물의 흐름에 따라가는 물고기가 아니라 물의 흐름을 거슬러 가는, 문화의 주류까지도 거스르는 존재가 돼야 한다. 우리는 주변 환경에 따라 자기 색을 바꾸는 카멜레온이 아니라 주변 환경에 맞서서 눈에 띄게 두드러지는 존재가 돼야 한다.

나와 나의 아이들의 삶에 꼭 새겨지길 소망해 본다. 적당히 도피하고 적당히 순응하면, 인생에 굴곡은 적겠지만, 그리스도인다운, 제자다운 삶과 사명, 영향력은 찾아볼 수 없을 것이다.

한번은 아내와 이런 의견을 나누었다. 아이들을 세상과 거리가 있는, 기독교와 더욱 가까운 곳으로, 더 솔직히 말하면 도피성 같은 곳으로 보내볼까 고민했다. 하지만 우리는 결국 아이들이 세상과 부딪혀야 한다는 결론을 내렸다. 잠시 고립시키고, 보호하면 안심은 되겠지만, 어차피 천국이 아닌 이상 이 땅에 청정 구역은 없다. 지금부터 세상 속에서 살아가며, 분별하며, 저항하고 싸우며, 승리하는 경험을 해봐야 한다.

※

가정에 이러한 이슈가 있을 때마다 '대화'를 하며 풀어가려 노력한다. 함께 극복하며 성장할 수 있는 최고의 교육이다. "그냥 아빠 말 들어!" "그냥 믿어!" "무조건 안 되는 거야!"라고 '답정너'(**답**은 **정**해졌으니까 **너**는 대답만 하면 돼)식으로 훈육을 하고 싶지만, 별 효과가 없었다. 아이도 인격과 생각이 있는, 존중받아야 하는 존재였다. 야코부스 꿀만 Jacobus Koelman, 1632-1695 역시 「네덜란드 개혁교회의 자녀 양육」(개혁된실천사)에서 이러한 부분을 강조한다.

자녀들은 영적인 문제를 특히 진지하게 생각하고 중요시하며 관심을 가져야 한다. 당신은 하나님의 축복을 받은 자로서 이런 자질들을 가르치려고 노력해야 한다. 또한 당신은 그들에게 이런 자질들을 강요만 할 것이 아니라, 하나님과 신령한 것들에 대해 당신 자신이 진지하고 공손한 태도로 이야기함으로써 본을 보여야 한다……그들과 함께 이런 것들에 대해 매우 친밀하고 솔직하게 이야기해야 하지만, 거기서 그치지 말고 하나님과 성경, 주 예수님, 미래의 삶, 그들의 거룩한 임무들에 대해 가장 엄숙하고 진지하고 존경하는 태도로 이야기해야 한다. 그것은 가장 숭고하고 거룩한 문제들에 관련된 것이기 때문이다. 마치 당신이 임종을 맞은 것처럼, 또 하나님과 천국과 지옥을 직접 본 것처럼 진지하게 이야기하라. 일반적으로 이런 진지하고 존경하는 태도는 자녀들이 어릴 때부터 거룩한 것들에 큰 존경심을 갖게 해준다.

실제로 나도 핼러윈에 대해 자세하게 설명해 줬더니 아이는 의외로 정확히 이해하며 흔쾌히 수긍했다.

"핼러윈 문화는 귀신, 악령, 유령을 흉내 내고, 그것들을 멋지게 여기며 즐기는 문화란다. 공포와 죽음의 이미지로 사람의 마음을 빼앗기도 하지. 무엇보다도 사람의 즐거움이 우선하는 문화라서, 음란하고 자극적인 옷과 분장, 유흥이 가득해. 그래서 하나님을 믿는 사람으로서 핼러윈 문화는 절대 유익하지 않단다."

부모는 아이와 맛깔스런 수다도 중요하지만, 진지하고 경건한 이야기도 할 준비가 돼있어야 한다. 신앙과 경건, 진리는 언제나 진지하다. 이러한 대화를 못 하는 이유는, 부모가 준비돼 있지 않아서다. 반대로 아이들은 들을 준비가 돼있다.

앞으로 아이를 양육하면서 수없이 많은 세상 문화와 직면할 것이다. 스마트폰, SNS, 이성 친구, 음주, 음란물, 성공, 입시, 결혼 등 다투어야 할 주제가 산더미다. 권위로 누르고, 목청으로 제압하며 설득이 아니라 굴복을 시킨다면, 잠깐 변화하는 척만 할 뿐, 아이에게 어떤 개혁도, 유익도 없을 것이다.

부모는 늘 공부하며 아이에게 대답할 수 있어야 한다. 성경의 렌즈로 세상을 비평할 수 있어야 한다. 모두가 갖고 있어도 갖고 있지 않을 용기, 모두가 다 해도 하지 않을 수 있는 용기가 먼저 있어야 한다. 그리고 부모도 존중과 예의를 갖고 아이와 '대화'해야 한다. 그러면 이 말씀대로 아이가 살 수 있지 않을까?

너희는 이 세대를 본받지 말고 오직 마음을 새롭게 함으로 변화를 받아 하나님의 선하시고 기뻐하시고 온전하신 뜻이 무엇인지 분별하도록 하라(롬 12:2).

이 말씀처럼, 세상을 따라가지 않고 진리로 무장해 거스르고, 군중 속에 파묻히지 않고 보석처럼 반짝이며, 세상에 아첨하지 않고 하나님의 기쁨이 되는, 그런 삶을 말이다.

한창 거리에 핼러윈 분위기가 가득했을 때, 우리 집에는 귀여운, 아니 엄중하고 거룩한 함성이 들렸다. 10월 마지막 주일, 종교개혁 기념 주일을 맞아 둘째 아이가 영아부에서 받은 종교개혁 5대 '솔라' Five Solas 를 외치며 암기하고 있었다.

"오직 성경!"

"오직 은혜!"

"오직 믿음!"

"오직 예수님!"

"오직 하나님께 영광!"

감사했다. 기뻤다. 그래서 박수와 열렬한 응원을 보내줬다. 핼러윈 옷과 장식, 용품을 사달라고 떼쓸 수도 있는데, 아이가 부모와 교회의 교육을 받아 '오직 성경', '오직 은혜', '오직 믿음', '오직 예수님', '오직 하나님께 영광'을 소리치고 있었다. 아직은 뜻도 제대로 모르지만, 그 순간 아이는 나에게 유럽을 뒤흔들었던 종교개혁가 루터이자 칼빈이었다.

그래서 소망해 보고 싶다. 범람하는 세속 문화 속에서 우리 자녀가 '오직'을 외치는 그리스도인으로 살아내기를, 승리하기를.

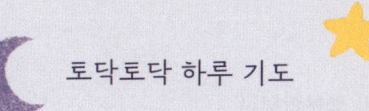 토닥토닥 하루 기도

거룩하시고 존귀하신 하나님, 저와 이 가정을 거룩한 교회로 삼으셔서, 오늘도 세상 속에서 주의 진리를 입술과 삶으로 선포하게 하시니 감사합니다. 밀려오는 세속 문화 앞에서도 가정이 휩쓸리지도, 도망하지도 않게 하소서. 이미 승리하신 부활의 그리스도를 붙들며, 담대히 전진하며 하나님의 영광을 나타내게 하소서.

하나님, 우리 아이가 살아갈 세상은 거짓과 우상이 범람하고 있습니다. 아이의 마음을 새롭게 하사 미혹되지 않게 하소서. 조롱과 박해, 외면과 소외를 겪을 때도 하나님이 아이의 신앙과 영혼을 지켜주소서.

부모로서 그리스도를 아는 지식과 세상을 분별하는 지혜를 갖추게 하소서. 주님의 마음으로, 온유한 음성으로, 자녀와 거룩한 대화를 나누게 하소서. 그래서 아이가 가정에서 받은 경건의 훈련으로 다니엘처럼 믿음을 지키며 강력한 복음의 능력을 발휘하게 하소서. 진리를 수호하며 오직 하나님의 영광을 나타내게 하소서. 세상의 빛으로 오신 예수님 이름으로 간절히 기도합니다. 아멘.

에필로그

그저 엄마 아빠면 충분합니다

한때는 돈 많고 능력 있는 부모가 좋은 부모라고 생각했습니다. 무엇이든 척척 사주고, 하고 싶은 것은 팍팍 밀어주고, 으리으리한 집에서 내 방을 꾸며주고, 검은 세단으로 학교를 데려다주는 부모 말입니다. 저는 그런 아빠가 아니었기에 속상하고 괴로웠습니다. 아이들에게 늘 미안하기도 했습니다.

그런데 아이들을 지켜보니, 그들은 그런 부모를 바라지 않았습니다. 아이들이 원하는 것은 그저 아빠였습니다. 돈 많고 잘나고 능력 있고 멋진 수식어가 잔뜩 붙은 아빠가 아니라, 세상에 단 하나뿐인 '유일한 아빠' 말입니다. 그래서 이 마지막 장에서 꼭 전하고 싶은 말이 있습니다.

"당신은 아이에게 유일한 부모입니다."

세상이 보기에는 우리가 최고의 부모가 아닐 수 있습니다. 그러나 내 아이에게만큼은 그렇지 않습니다. 아이를 위해 밤새 눈물로 기도할 수 있고, 위험이 닥치면 몸을 던져 지켜낼 수 있고, 작은 입에 밥을 넣어주며 영혼에 사랑을 심어줄 수 있는 단 한 사람, 아이가 마음껏 울고 웃을 수 있는 단 하나의 부모. 그 존재만으로 우리는 이미 최고의 부모입니다.

그러니 돈으로 대신할 수 있는 것들 말고, 부모만이 줄 수 있는 사랑을 보여주세요. 많이 웃어주고, 자주 안아주세요. 손을 꼭 잡아 따스한 위로와 격려를 건네주세요. 아이를 볼 때마다 감탄해 주세요. 그리고 하늘의 축복을 선포해 주세요.

"하나님은 너를 사랑하시고, 놀라운 계획을 갖고 계신단다."
"너는 엄마, 아빠에게 소중하고 사랑스러운 존재야."
"너는 경이롭고 특별한 존재란다."

열 번, 천 번, 만 번 들려주세요. 그 사랑이 차곡차곡 쌓일 때 아이는 부모와 함께한 시간을 가장 향기로운 추억으로 간직할 것입니다.

이제 책장을 덮고 다시 자녀에게 달려가시겠지요? 여러분을 위해 기도합니다. 하나님의 사랑과 은혜가 가정에 가득하고, 육아의 여정 속에서 은혜와 지혜가 움트며, 부모로 살아가는 삶이 언제나 보람되고 행복하기를 바랍니다.

가장 고단하고 가장 빛나는 시간

목사 아빠의 30일 육아 묵상

초판발행 2025년 12월 5일

지은이 신동재
발행인 손창남
발행처 (주)죠이북스(등록 2022. 12. 27. 제2022-000070호)
주소 02576 서울시 동대문구 왕산로19바길 33, 1층
전화 (02) 925-0451(대표 전화)
(02) 929-3655(영업팀)
팩스 (02) 923-3016
인쇄 시난기획
판권소유 ⓒ(주)죠이북스

ISBN 979-11-93507-63-6 (03230)

책값은 뒤표지에 있습니다.
잘못된 도서는 교환하여 드립니다.
이 책 내용을 허락 없이 옮겨 사용할 수 없습니다.